Heinz Knobloch
Berlins alte Mitte

Heinz Knobloch

Berlins alte Mitte

Rund um den Lustgarten
Geschichte zum Begehen

Mit Illustrationen von Wolfgang Würfel

Jaron Verlag

1. Auflage 1996
© 1996 by Jaron Verlag GmbH, Berlin

Umschlaggestaltung: Atelier Werner Kattner, Berlin,
Illustrationen von Wolfgang Würfel
Druck und Bindung: Clausen & Bosse, Leck
ISBN 3-932202-10-4

(Eine frühere Fassung dieses Werkes erschien 1989
im Mitteldeutschen Verlag Halle · Leipzig
unter dem Titel »Im Lustgarten. Geschichte zum Begehen«.
ISBN 3-354-00576-9)

LUSTGARTEN, PREUSSEN

Das Gras gepflastert.
O Schweiß der Ämter, die Weisheit
Des Volks demselben, eh sie
Zitiert wird, einzu-
Rammen in das Gemüte.

Volker Braun

Man könnte den Menschen
mit einem wohlangelegten
Lustgarten vergleichen ...

Robert Walser (1878–1956)

Es gibt viele Stellen, die weder die Kritik noch die Leser verstehen werden, beiden werden sie nicht und keiner Aufmerksamkeit wert erscheinen, ich aber freue mich schon im voraus, daß eben diese Stellen von zwei oder drei literarischen Feinschmeckern verstanden und geschätzt werden, und das genügt mir.

Anton Tschechow, 1888

INHALT

Inhalt

VORBEMERKUNG

zur Neuausgabe 1996

Der Lustgarten hatte lange DDR-Jahre kein Straßenschild. Folglich war er nicht im Straßenverzeichnis zu finden. Er zählte zum Bereich des Marx-Engels-Platzes. Jetzt hat er wieder seinen Namen.

Berlin, den Hin- und Herbenennungen seiner jeweils Regierenden ausgeliefert – es gibt tatsächlich noch amtlich bestätigte Nazi-Straßennamen –, hat sich unangefochten seinen Lustgarten zurückgeholt.

Mein Buch »im Lustgarten« erschien Anfang 1989 im Mitteldeutschen Verlag Halle/Leipzig. Die Nachauflage kam Ende 1989, Mitte 1990, als etliche Bücher aus DDR-Verlagen entsorgt wurden, in Ramsch und Abfall. Ich konnte einige Exemplare erwerben und Leserinnen und Leser in allen Himmelsrichtungen damit erfreuen. Aber jetzt ist der Vorrat erschöpft.

Nun hat sich ein neuer Verleger dieses Buches angenommen, ihm einen neuen Titel und ein neues Gewand gegeben. Dabei ist mancher Text, weil entbehrlich, weggelassen. Anderes wurde aktualisiert und ergänzt. Straßennamen entsprechen dem jetzigen Stand.

Wer Rosi Nante vermißt, die Kunstfigur, mir zu Recht als literarische Geliebte nachgesagt, muß sich gedulden. Die Tochter des Berliner Eckenstehers und Verwandte des Don Quichote ist, wegen losen Mundwerks mehrfach abgemahnt, derzeit vermutlich ABM-tätig, wird aber eines schö-

nen Buchtages wieder auftauchen. Vielleicht als Abgeord-
nete? Rosi hatte schon immer viel für Diät übrig.

Wolfgang Würfel ist mit Illustrationen zum »Lustgarten«
erfreulicherweise weiterhin dabei.

Wie aber sieht die Zukunft des Lustgartens aus? Kommt
Schinkels Springbrunnen wieder? Wird aus der gepflasterten Mitte ein Barockgarten wie ehedem? Wäre ein
Rosenparterre angenehmer? Mit Gartenkünsten würde
dem Platz manche Veranstaltung verwehrt. Zum Beispiel
ein Stück Weihnachtsmarkt, oder der zweite Sonntag im
September mit seinem antifaschistischen Erinnern und
Mahnen. Demonstrationen hat der Lustgarten, wie beschrieben, oft erlebt. Zählt er womöglich künftig zum Bann-
kreis, sobald die Bundesregierung die alte Mitte Berlins
besiedelt? Ob dort weiterhin volksfröhliches Tun und
Lassen erwünscht wäre – und erlaubt? Oder bloß abge-
schirmte Gelöbnisse, volksfern gehalten? Dom und Museum dürfen etwa nur mit gültigem Ausweis besucht werden? Da verdorren nicht nur die Bäume.

Die vorliegende, vom Autor autorisierte, von ihm oder mit
seiner Zustimmung gekürzte und leicht veränderte Ausgabe
erscheint als ein Beitrag zu jenem Berlin, das mit seiner
Vergangenheit Bundeshauptstadt zu werden sich bemüht.
Auf die traditionelle Rolle des kulturellen Geldmangels
wurde bereits in der ersten Ausgabe 1989 hingewiesen
(Seite 135 f.).

Berlin-Pankow   *im Juli 1996*

VORWORT

zur ersten Ausgabe 1989

Eines Tages fiel mir auf, wie interessant der Lustgarten ist. Und ich wollte mehr über ihn wissen, fand aber kein Buch. Gab es keines? Das reizte. So ging ich auf diesen Garten los aus allen vier Richtungen. Probierte manches in der wöchentlichen Feuilleton-Rubrik »Mit beiden Augen«, die ich von 1968 bis 1988 in der »Wochenpost« zur Verfügung hatte. Konnte es anreichern mit Fundstücken, schon deshalb, weil ich nicht allein die rund zweihundert Jahre betrachten wollte. Es gab so viele Vor-Gänger, Zeitungsberichte und Staatsangelegenheiten.

Die Deutsche Staatsbibliothek ließ mich in ihren Zeitungsschätzen blättern, die Ratsbibliothek nicht minder. Das auf »Lustgarten« eingestellte Auge fand vielerlei, wobei die tausend »Berlin«-Bücher diesen Mittelpunkt meist beim Anblick bedeutender Gebäude übersahen und vergaßen.

Die als »Unterm Strich« zitierten Texte sind kleine und größere Dokumente ihres Tages. Daß die Feuilleton-Großen wie Kossak, Polgar und Hessel Substanz bieten, überrascht nicht. Was mir James Yaakov Rosenthal, der 1933 aus seinem Berlin vor Verfolgung fliehen mußte, aus Jerusalem schrieb und mir, als ich ihn dort 1987 besuchen konnte, erzählt hat, ist bislang unveröffentlicht.

Es stecken – das fragen Leser gern – in meinem »Lustgarten«, wie das notwendig ist, reichlich sieben Jahre Sammeln, Recherchieren und Selbersehen.

Der Lustgarten hat so viel erlebt. Wie in einer Nußschale: Küchen- und Ziergarten, Exerzierplatz, Grünan-

11

lage, Ort für jederlei Kundgebungen, Weihnachtsmarkt, Brandstätte. Er überlebte Soldaten und Schausteller, Huren und Dombesucher, Spaliersteher, Redner und Staatsgäste. Wem Jahreszahlen etwas sagen: 1848, 1914, 1918, 1922, 1933, 1945. Nicht zu vergessen die Königin Luise, die musikalische Prinzessin Amalia, die namenlosen Handwerker und Dienstmädchen. Und manche Legendenbauer, die wir nur mit der Wahrheit blamieren können.

Berlin, im Lustgarten   *Juni 1988*

KOMMT UND SEHT

»Wo ist denn eigentlich der Garten?« fragen Sie. So läßt sich beim Anblick des Lustgartens Heinrich Heine 1822 von seinem Leser fragen und erklärt ihm, das sei Ironie: »Es ist ein viereckiger Platz, der von einer Doppelreihe Pappeln eingeschlossen ist.« Mittlerweile sind es Lindenbäume, die wie eine friderizianische Wachtparade wachsen müssen, während hinten, neben dem Museum, einige Platanen bequemer stehen.

»Gestern habe ich das Museum gesehen. Das ist eine herrliche, großartige Einrichtung. Berlin hat ungemein dadurch gewonnen.« So schrieb im Oktober 1830 Hinni Mendelssohn – eine Schwiegertochter von Herrn Moses – an ihren Sohn Benjamin. »Die Treppe, die Vorhalle und selbst die Aussicht … das alles ist prächtig. Kommt und seht!« Das können wir tun.

Dort, wo die Museumstreppe beginnt, sieht man auf alten Stichen ein rot-weißes Schilderhaus und fragt sich, wessen Stellung da gehalten werden sollte, bis er und es eingespart werden konnten.

Auf den Stufen des Museums könnte der Mensch das Schreiten genießen. Da kein Schild am Fuß der breiten Treppe das untersagt, unterlassen es viele. Und manche drehen sich nicht mal gleich um, wenn sie oben angekommen sind.

Steht und seht. Ein Faltblatt wäre hilfreich. Denn was sieht man; und was sieht man wie üblich nur, wenn man es weiß? Was hat der Platz zu deinen Füßen erlebt, was verbirgt er?

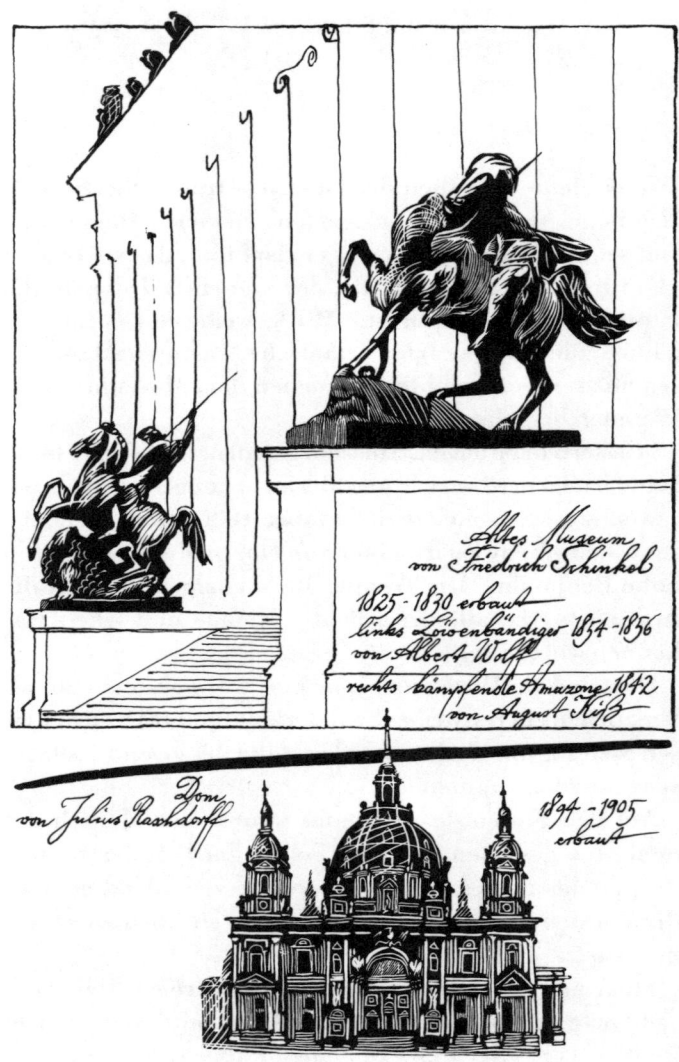

Altes Museum
von Friedrich Schinkel
1825 – 1830 erbaut
links Löwenbändiger 1874 – 1856
von Albert Wolff
rechts kämpfende Amazone 1842
von August Kiß

Dom
von Julius Raschdorff

1894 – 1905
erbaut

Lustgarten? Das sind Napoleon, Preußenkönige und Thälmann. An Herbert Baum, der 1942 mit ein paar Beherz-
ten die antisowjetische Ausstellung anzündete, erinnert
an der Straße ein Stein mit etwas schwierig zu entziffern-
der Schrift.

Es fehlt – oder ich habe es verpaßt – ein Heftchen; eine
Darstellung der politischen, militärischen, kulturellen und
alltäglichen Vorgänge auf diesem Geviert. Sie zu finden, zu
ordnen, zu registrieren, zu vergleichen, zu bewerten wäre
eine Pusselarbeit. Es mangelt jedoch nie an wißbegierigen
jungen Menschen und an Universitätslehrern, die verwend-
bare Diplomarbeiten wünschen.

Ereignisse? Dazu muß man sich die jeweiligen Menschenmassen vorstellen. Zwischen den beiden Flußarmen stand
das Schloß, vor dessen Portal am 1. August 1914 die Mobilmachung öffentlich verlesen wurde. Am 9. November 1918
hielt Liebknecht vom Balkon aus seine berühmte Rede. Dieses Portal des nach der nächsten Mobilmachung zerstörten
und später abgetragenen Schlosses ist dort drüben zu sehen. Es ist als Haupteingang dem einstigen Amtssitz des
DDR-Staatsrats einverleibt worden.

Kommt und seht. Die regelmäßig aus kleinen Steinen gepflasterten Quadratmuster des Platzes vor uns sind Hand-
arbeit. Die Granitschale, von den Nazis beiseitegeschoben,
haben wir wieder geradegerückt. Sie ist nicht als Abfallbe-
hälter gedacht.

UNTERM STRICH

Dietz Arbeiter-Reise- und Wander-Führer,
Berlin 1932

An der Nordseite des Schlosses der Lustgarten, seit 1918 der Aufmarschplatz aller Partei-, Gewerkschafts- und Reichsbanner-Riesendemonstrationen. Trotzdem wenig dafür geeignet, da der Mittelteil durch Anlagen und Denkmal zerrissen wird. Ursprünglich städtischer Besitz, der durch Kurfürst Friedrich II. von der Stadt erpreßt wurde, dann Küchengarten des Hofes. An der Ostseite des Lustgartens der um 1900 von Raschdorff aus Staatsmitteln erbaute Dom (evangelisch). Gesamthöhe 110 Meter. Schlesischer Sandstein. 1960 Sitzplätze. In der Gruft die Särge vieler Kurfürsten und Könige. Alle überhaupt nur erdenklichen Zierate der italienischen Hochrenaissance sind hier in unerträglicher Weise zusammengetragen worden. Ein Bau, über den die Akten geschlossen sind; er zerstört die Ruhe und Einheit des Lustgartens gründlich.

MIT KAFFEE

Nach Berlin kam der Kaffee spät. Das Kaffeehaus noch
später, erst 1714. Und dort drüben, wo der Dom steht, ist
Berlins allererstes Café gewesen. Also trinken wir im Angesicht historischer Stätte und denken eine Weile über diesen Standort nach. Wen Einzelheiten interessieren, braucht
in Berlin nicht lange zu grübeln.

Der Lustgarten ist damals sein Gegenteil gewesen. Ein
Exerzierplatz. Und damit sich die Offiziere von den damit
verbundenen Strapazen erholen konnten, servierte man
ihnen als ersten die in den Nachbarländern längst bekannte
Neuheit. Der sonst so sparsame König Friedrich Wilhelm I.
stellte dem kaffeebraunen Objektleiter namens Oliver sogar
jährlich zwölf Haufen Holz, damit die Bohnen jederzeit
frisch geröstet werden konnten. Er wollte seine Offiziere
bei guter Laune halten, damit sie ihn nicht eines Tages gegen einen General auswechselten, wie das im alten Rom vor-
gekommen ist. Es hat alles schon gegeben im alten Rom,
außer Kaffee.

Noch eine Tasse. Das königliche Café stand bis 1747 an
dieser Stelle, dann wurde es wegen des Dombaus nach
Unter den Linden verlegt. Neben das »Hotel Stadt Rom«;
in das Gebäude der Akademie der Wissenschaften. Die be-
hielt zwar den intellektuellen Trank, brauchte aber fast
zwanzig Jahre, um das lästige Café wieder loszuwerden.
Der Akademie-Direktor, dem das gelang, nutzte die Gunst
der Stunde, denn Friedrich II. war ein Kaffee-Gegner, wie
allgemein bekannt. Wir lächeln, wenn wir von seinen
Schnüfflern und Vorschriften erfahren. Taucht aber der

Wortlaut auf, darf jeder von uns den Kaffeesatz lesen (ob er ihn auf sich angewendet wissen möchte?).

1781 erklärte der König, daß »nicht alle Maurer, Mägde und dergleichen von ihrer Arbeit sich ernährenden Personen Kaffee trinken brauchten«.

MIT KARTOFFELN

Diesmal schlendern wir über die Eiserne Brücke heran, die
überwiegend aus Stein besteht. Wenn wir den Plan vom alten Memhardt betrachten, nach dem heute noch eine Straße
heißt, die fast ebenso breit wie lang ist, dann erkennen wir
den Küchengarten am nördlichen Ende. Etwa dort, wo
die S-Bahn die Museen teilt, wuchs 1648 Petersilie.

Der Lustgarten ist einmal der Garten der Eßlust gewesen. Hier blühten die ersten Kartoffeln Berlins. In der
Schule haben wir gelernt, daß die Kartoffel als Nahrungs-
mittel mit sanftem Nachdruck eingeführt werden mußte.
Eingeführt nicht im Sinne von Importware, sondern be-
wußtseinsmäßig nahegebracht.

Deshalb beziehen wir unser Rezept weder vom botani-
schen Direktor noch vom kulinarischen Chef, sondern
gleich vom kurfürstlichen Leibarzt Elsholtz. Der nannte
1663 vier Arten: »Erstlich siedet man sie in Wasser mürbe,
und wenn sie erkaltet, so ziehe man ihnen die auswendige
Haut ab.« Pellkartoffeln mit Quark, wie's beliebt, aber
jetzt gießt Elsholtz »Wein darüber und lesset sie mit Butter, Salz, Muskatenblumen und dergleichen Gewürz von
neuem kochen«. Das habe ich probiert.

Elsholtz: »Oder mit Hühner-, Rind- oder Kalbfleisch-
brühe kochen und abwürzen oder sie auch an Rind- oder
Hammelfleisch tun. Oder man schneidet die abgekochten
Tartuffeln in runde Scheiben und bratet sie in der Pfanne.
Oder man schneidet Zwiebel und Essig daran und lesset es
also durchbraten.« Guten Appetit.

Vielseitige Kartoffeln. Noch ein Rezept. Aus fortgeschrittener Zeit, 1773: »Man siedet Kartoffeln, bis sie sich schälen lassen, schneidet sie dann in Kaffee-Bohnen-Format, legt sie auf den Herd, läßt sie zur Hälfte eindörren. Dann röstet man sie wie Kaffeebohnen und fügt etwas geraspeltes Hirschhorn hinzu.« Daraus soll aber kein Partygebäck werden, sondern milieugeschädigter Kaffee. Nimmt man genug davon, »wird sich der Cartoffelcaffee von dem ordinairen weder nach dem Geschmacke noch in der Farbe« unterscheiden, zumal wenn man reichlich Zucker dazutut. Kommt sogar Sahne hinein, »ist der Unterschied noch weniger zu spüren«. Dieses Rezept kommt (leider) aus Dresden. Und die Berliner »Vossische Zeitung« veröffentlicht es nicht als Satire, sondern als devisensparendes Beispiel. »Will man vollends nur die Hälfte Cartoffeln und die andere Hälfte vom guten Kaffee nehmen, so wird man ein treffliches Caffeegetränk haben.« Es wird *vor*trefflich, läßt man die Kartoffeln ganz weg.

Falls der Lustgarten wieder einmal umgegraben werden sollte, um ihn nach Schinkels Plänen zu bepflanzen (man kann sogar die Natur restaurieren), dann wird es Blumenbeete geben. Begonien und Salvien. Da sollten unsere Kunst- und Ziergärtner zum Andenken eine Anzahl Kartoffeln einfügen. Sie blühen so hübsch und so harmlos, und es gibt manchen unter uns, der sie sich schon von oben besehen möchte.

UNTERM STRICH

Rotwild

Der Lustgarten, welcher nur fünfhundert Schritt hat, dient zur Erholung des Kurfürsten Friedrich Wilhelm, der hier alle Gattungen Rotwild unterhält.

Patin, 1676

MIT FRIEDRICH WILHELM

»Folgen Sie mir nur ein paar Schritte«, sagt Heinrich Heine, »und wir sind schon auf einem sehr interessanten Platze. Wir stehen auf der Langen Brücke. Sie wundern sich: ›Die ist aber nicht sehr lang?‹ Es ist Ironie mein Lieber. Laßt uns hier einen Augenblick stehenbleiben und die große Statue des Großen Kurfürsten betrachten. Er sitzt stolz zu Pferde, und gefesselte Sklaven umgeben das Fußgestell. Es ist ein herrlicher Metallguß und unstreitig das größte Kunstwerk Berlins. Und ist ganz umsonst zu sehen, weil es mitten auf der Brücke steht.«

Nun sind wir mit Heinrich Heine am Palast der Republik entlanggegangen und stehen auf der nicht sehr langen Brücke, der späteren Kurfürstenbrücke, die mittlerweile und zweckmäßig Rathausbrücke heißt. Die große Statue schmückt heute den gepflasterten Ehrenhof vor dem Schloß Charlottenburg, während ihr Originalsockel im Haupttreppenhaus des Bode-Museums zu betrachten ist und eine Nachbildung des Reiterdenkmals trägt.

Er hieß Friedrich Wilhelm, Markgraf zu Brandenburg, war des heiligen römischen Reiches Erzkämmerer und Kurfürst, Herzog in Preußen, Jülich, Cleve, Berg, Stettin, der Pommern, Kassuben und Wenden, sowie in Schlesien, zu Crossen und Jägerndorf Herzog, Burggraf zu Nürnberg, Fürst zu Rügen, Graf zu Mark und Ravensberg und so weiter. Als er zwanzigjährig 1640 an die Regierung kam, erbte er ein Berlin, lädiert vom anhaltenden Kriege, den man später den Dreißigjährigen nennen mußte.

Als Friedrich Wilhelm nach ungewöhnlich langer Regierungszeit starb, 1688, hatte sich Berlins Einwohnerzahl verdreifacht. Er hinterließ einen Militärstaat. Seine Nachfolger nutzten das von ihm begründete stehende Heer, während Schulkinder ihn fortan als Sieger von Fehrbellin rühmen lernten, nicht als den Mann der praktizierten Toleranz, der er auch war.

Woran erinnert man sich später? An seine Kriege, seine »Wechselfieber«? Womit seine Seitenwechsel gemeint sind, denn mal war er mit diesem, mal mit jenem Herrscher verbündet gegen die bisherigen Alliierten – es war wohl klug, auf diese Weise das kleine Brandenburg über Wasser zu halten.

Friedrich Wilhelm liebte den Prunk. Ausländische Staatsbesucher empfing er mit unerhörter Pracht und ersparte ihnen den Anblick der Seitenstraßen. Er führte schon 1650 eine Postverbindung ein, hinreißend schnell und pünktlich. Daß er hier und da selber in fremde Briefe schaute, muß man jener Zeit zugestehen. Er ließ verfälschte Münzen einziehen und stärkte so das Vertrauen in die Währung, ließ heimlich neue Münzen verfälschen und belebte auch damit Handel, Handwerk und Verkehr. Die Unsummen, die sein Militär verschlang, holte er aus dem eigenen Lande. Nach holländischem Vorbild – er hatte dort studiert – machte er die Akzise zur Steuerquelle ersten Ranges, die nicht als Abgabe kassierte indirekte Steuer, für städtische Verbraucher kaum erkennbar. Friedrich Wilhelm führte die Straßenbeleuchtung ein und etwas Sauberkeit. Er verbannte Schweine, soweit es sich um solche handelte, aus der Residenz. Bauern, die Waren zum Markt gebracht hatten, mußten auf dem Rückweg eine Fuhre Kot aus Berlin fortschaffen. Denjenigen Bürgern, die den Unrat vor ihrer Tür nicht zusammenfegten, wurde der Dreck ins Haus geworfen. Wir können froh sein, schreibt Daniela Dahn in ihrer

»Prenzlauer Berg-Tour« (1987), daß die Zeiten nicht mehr so streng sind wie unter Friedrich Wilhelm, »der anordnete, jedem, der einen Baum oder Weinstock beschädigt, die Hand abhacken zu lassen, und jedem, der Abwasser in die Spree kippt, 50 Thaler abzuknöpfen«.

Wie man sieht, spricht manches für ihn. Er ließ den Kanal graben, der Oder und Elbe verbindet. Er ließ seiner Bevölkerung die modernsten Medien angedeihen, Flugblatt und Zeitung. Er erlaubte in Berlin die allererste, und sogar mit Zensur. Seine Räte ließ er ausreden, machte sich Notizen und entschied schließlich allein. Gemäß dem Prinzip, das die Geschichtsschreiber das absolutistische nennen. Seine Räte sollten gottesfürchtig und nicht geizig sein, verschwiegen und staatskundig. Sie wurden ordentlich bezahlt, damit sie nicht käuflich sein müßten. Und er hatte erkannt: Anstatt einen Diener groß zu machen, sei es besser, viele zu beschäftigen und ihnen keine zu große Autorität zu geben. Das bedeutet, von sich aus konnten sie kaum etwas entscheiden; und das stört zuweilen.

Friedrich Wilhelm gründete in Afrika eine kleine, kurzlebige Kolonie. Und ließ, was wenige wissen, mit Sklaven handeln. Auf der Karibikinsel St. Thomas, die damals zu Dänemark gehörte. 1682 bekam der Schiffskapitän de Voss den Auftrag, vor der Küste Guineas 500 Sklaven zu nehmen, gesunde Männer, »nicht blind, lahm oder mit gestümmelten Gliedern«, also arbeitstüchtig. Der Kurfürst bestimmte selber die Preise. Am teuersten wurden 15- bis 36jährige verkauft.

Sklavenähnlich behandelte er seine Berliner, indem er die Stadt vierteilte, damit alle Tage die »Bürger eines Viertels zum Schanzen geschickt« wurden. So schaufelten sie unbezahlt eine Stadtbefestigung herbei, die der niederländische Baumeister Memhardt geplant hatte, dessen Genialität wir unseren ersten Stadtplan verdanken. Wer die Berliner S-Bahn erhöht fahren sieht, an der Museumsinsel und am Alexanderplatz vorbei, sie fährt auf jenen Wallanlagen, die bereits altmodisch waren und militärisch überholt, als die Einwohner, ohne laut zu murren, den Sand bewegten.

Vor amtlichen Papieren hatte der Chef großen Respekt und wollte nahezu alles selber unterschreiben, was mich auf den Gedanken bringt, ob jene Altberliner Redensart »seinen Friedrich Wilhelm drunter setzen« von ihm herrührt. Ein Reisepaß hat überlebt. Professor Beckmann von der Universität Frankfurt/Oder möchte mit einigen Studenten nach Ungarn fahren. Wie viele es sind und wie sie heißen, steht nicht auf dem Reisedokument. Aber der Kurfürst hat es selber unterschrieben. Sonst galt es nicht. Landeskinder durften nicht ohne seine Zustimmung das Land verlassen. O Zeiten, o Sitten.

Er heiratete aus Liebe und mit Überlegung. Die schöne Louise Henriette aus dem Hause Oranien bekam ein unbedeutendes Dorf im Norden Berlins geschenkt, das, in Oranienburg umbenannt, dank der von ihr eingeführten Milchwirtschaft aufblühte. Ein Schloß wurde gebaut. Heute erfreut davor wieder ihr Denkmal. Nach dem Trauerjahr für die früh verstorbene Louise Henriette ehelichte der Kurfürst die lebenslustige, geschäftstüchtige Dorothea Sophie von Holstein-Glücksburg, die vor einem der Stadttore eine Art Intershop eröffnete. Dieser Kurfürstin verdanken wir die Dorotheenstadt, deren Hauptstraße eine Zeitlang nach Clara Zetkin hieß, und jene lange, bepflanzte Allee, die wegen ihrer Bäume den harmlos-beständigen Namen Unter den Linden erhielt.

Der Kurfürst ließ nach hundertjähriger Verbannung wieder Juden einwandern, um den Handel zu beleben. Fünfzig

Familien, aus Wien vertrieben, gründeten in Berlin eine Gemeinde und erwarben vor den Toren in der Großen Hamburger Straße Gelände für einen Friedhof.

Für christliche Flüchtlinge öffnete Friedrich Wilhelm seine Grenzen und ließ französische Protestanten einwandern. Etwa 20 000 Hugenotten brachten »Fleiß, Weißbrot und gutes Benehmen« mit. Um 1680 war jeder dritte Einwohner Berlins französischer Herkunft. Das hatte großen Einfluß auf das geistige Leben und die industrielle Entwicklung, doch von politischer und sozialer Bedeutung war die Einwanderung nicht, denn die gewährten Freiheiten und Rechte blieben auf diese Gemeinden beschränkt und beeinflußten die Stadtverwaltungen nicht.

Zwar waren es wirtschaftliche Gründe, die Friedrich Wilhelm zu so großzügiger, durch das Edikt von Potsdam (1685) verbriefter Förderung der Einwanderer bewogen, aber auch Mitleid. Er ließ ihnen ihren Glauben und ist, lange bevor die Aufklärung die Gleichheit der Menschen formulierte, ein Vorbild an Toleranz. Daran soll gedacht werden.

Eingeladen zu einer Gedenkfeier am Abend seines 300. Todestages in den Berliner Dom, am 9. Mai 1988, geht unsereiner vorher in die Deutsche Staatsbibliothek. Um zu lesen, was sie zum 200. geschrieben haben.

Nicht nur deshalb. Friedrich Wilhelm hat diese Bibliothek begründet, hat sie aus seinen Sammlungen einrichten lassen.

Viele Bücher darunter, die er aus Nachlässen erworben hatte, auch manch unfreiwilliges Geschenk, wer wollte seinem Landesvater etwas abschlagen: Der große Buchfürst hinterließ 20 600 Bücher und 1618 Handschriften, nicht zu vergessen seinen Großen Atlas (170 x 110 cm), den die monatliche Sonntagsführung nicht ausläßt. Sogar ein neues

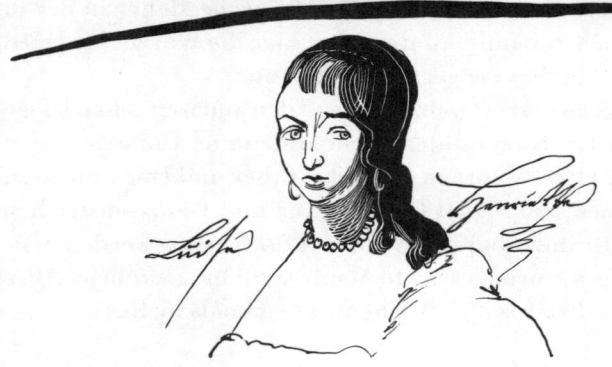

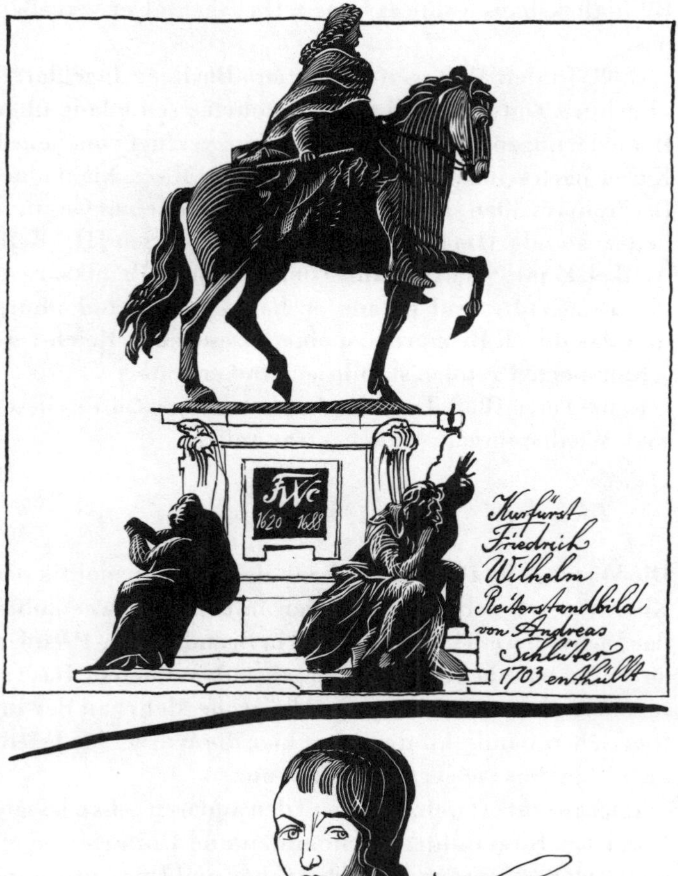
FWC
1620 1688
Kurfürst Friedrich Wilhelm Reiterstandbild von Andreas Schlüter 1703 enthüllt

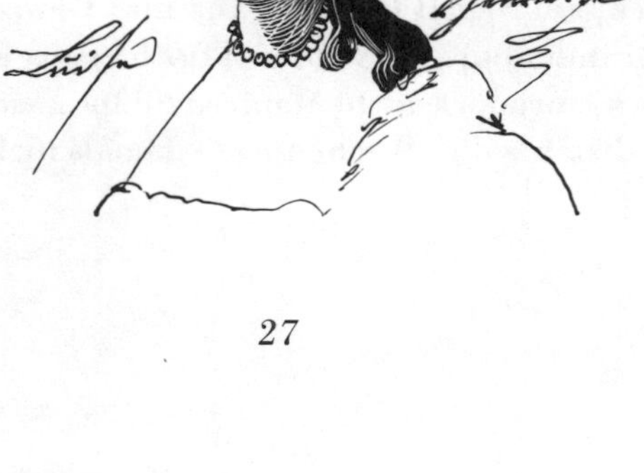
Luise
Henriette

Bibliothekshaus wollte er bauen. Die Nachfolger vergaßen das.

1888. In den Maitagen berichten »Berliner Tageblatt«, »Berliner Zeitung« und »Börsencourir« seitenlang über Beförderungen und den Ordensregen, verfügt vom neuen Kaiser nach seinem Regierungsantritt im März. Nicht ohne Besorgnis melden sie eine leichte Besserung seines Gesundheitszustands. (Im Juni stirbt Kaiser Friedrich III.) Kein Artikel, keine Nachricht über den Urahn im Prunksarg in der Domgruft. Und gerade er hat dieses Brandenburg und das durch Bismarck zu einem Deutschen Reich verschlimmerte Preußen stabilisiert und erweitert ...

Keine Feier 1888. Da sitzt man belehrt im Zeitungslesesaal. Wieder einmal: Manches war anders.

*

Die Vorträge im Dom, die sich mit der Religionspolitik des Kurfürsten beschäftigten, waren informativ: Wer außer der Fachwelt weiß schon, daß sich in Brandenburg-Preußen zwei evangelische Konfessionen gegenüberstanden? Das reformierte Herrscherhaus und die große Mehrheit der lutherischen Landeskinder. Liegt hier die Wurzel für Friedrich Wilhelms vielgerühmte Toleranz?

Toleranz tut oft weh. Man muß den anderen gelten lassen.

Der Kurfürst duldete Mennoniten und Unitarier; in einem Erlaß versprach er, auch Araber und Ungläubige zuzulassen, ein Signal für Toleranz und Gewissensfreiheit, das »Brandenburg zum Vorbild für Europa werden ließ«, wie Konsistorialpräsident Manfred Stolpe ausführte. (Diese Zeilen druckte die »Wochenpost« damals nicht.)

Zwischen den Ansprachen und Vorträgen hörte man die Englein singen. Es war der Domchor. Und beim Orgelton fiel mir die Anekdote ein, die Julius Meier-Gräfe aufgeschrieben hat. »Bach-Konzert im Berliner Dom in Gegenwart der Majestäten. Es beginnt mit einem Bachschen Vorspiel auf der Orgel. Vor dem Organisten erscheint der Adjutant des Kaisers und spricht also: ›Se. Majestät befehlen Orjelton und Jlockenklang, nicht dies olle Genuddle!‹«

*

Den 9. Mai 1988 schmückte eine Besonderheit. In der Einladung hieß es: »Außerdem wird Gelegenheit sein, ... den Sarkophag des Kurfürsten, der sich in der Domgruft befindet, in Augenschein zu nehmen.« Darauf hatten etliche seit Jahr und Tag gewartet.

Die Berliner Domgruft ist die größte ihrer Art in Europa. Es wird aber noch dauern (bis zur Jahrtausendwende?), bis sie restauriert der Öffentlichkeit zugänglich werden kann. Bis dahin ist möglich: der Blick auf zwei Kindersärge, auf den Prunksarg der Kurfürstin Dorothea und auf den mit vielfältigem Schmuckwerk überzogenen Friedrich Wilhelms. An den Ecken auf ihren Schultern getragen von vier durch Ketten gefesselten Kriegern. Soll heißen: Besiegte. In der Mitte gestützt von zwei Löwen, denen vor Anstrengung die Zunge weit aus dem Halse ragt. Da wäre noch manches Ornament, noch manch sprechendes Detail, aber ist es nicht so, daß die Betrachter vor allem auf solche letzten Hüllen blicken, weil sie sich mit mehr oder weniger Andacht fragen: Da liegt er nun! Oder: Liegt er wirklich drin?

Der König Friedrich II., den wir vom Reiterdenkmal kennen, ließ sich den Sarg des Urgroßvaters öffnen und

1974 begann die komplizierte und aufwendige Instandsetzung des Gesamtgebäudes Fassaden und Kuppeltürme sowie Hauptkuppel wurden in einigen Details vereinfacht wiederhergestellt

Liebknechtbrücke

Sarkophag
des Kurfürsten Friedrich Wilhelm von Brandenburg

sagte zu seiner Umgebung: »Messieurs, der hat viel getan.«

Wir blicken auf ein Kunstwerk. Das Innere ist leer. (Der letzte deutsche Kronprinz ließ das Kurfürstenpaar in Marmor-Sarkophage umbetten, die noch nicht besichtigt werden können.) Ist der Prunksarg nun ein Sinnbild für Lebensläufe und Geschichtsdarbietungen, die mal vergoldet, mal weggelassen, mal übertüncht, mal bekleckert in unser Blickfeld geraten?

UNTERM STRICH

Peuckers Pauke

Hausdichter Nicolaus Peucker besingt 1650 den Einzug des Kurfürsten Friedrich Wilhelm »mit Dero hochbeliebtesten Gemahlin, Frauen Loisen, Prinzessin von Uranien« – Oranien muß es heißen, denn sie kommt aus Holland:

> Mein Paukenschlag, das bom di bi di bom
> Spricht: Fridrich Wilhelm komm!
> Mit der, die dir gegeben
> Das Haus Uranien,
> In einer Seel zu leben!
> Die ganze Mark schreit: wenn?
> Wenn, hat man nicht vernommen,
> Wird unser Vater kommen?
> Bom bom di bi di bom!

Das waren noch Zeiten. Vorstellbar, daß der Hausdichter mit einer Pauke, denn er heißt ja Peucker, vorm Schloß seine Verse vorträgt. Den dritten hören wir noch an:

> Komm, deine Lust, der Garten, sieht dich gern,
> Die Tulpen sind nicht fern,
> Des Frühlings erste Kinder;
> Die Bäume werden neu,
> so eh man's denkt, geschwinder
> Sind ihres Laubes frei:
> Das Blaue der Violen
> Wird allbereit bestohlen,
> Bom bom di bi di bom!

UNTERM STRICH

Polizei-Direktive 1787

Das Ballspiel im Lustgarten in der Gegend des Doms wird wegen des dabei vorgegangenen vielen Unfugs und Beschädigung des Domgebäudes hiermit gänzlich untersagt, und die Eltern und Meister angewiesen, ihre Kinder und Lehrburschen von dieser Gegend abzuhalten; widrigenfalls die Kinder aufgegriffen und derb gezüchtigt, ihre Eltern und Lehrherrn aber mit dafür angesehen werden sollen.

Berlin, 29. März 1787
Kgl. Pr. Policey-Directorium
Philippi v. Eisenkarl

MIT AMALIA

Prinzessin Anna Amalia, nicht zu verwechseln mit ihrer Namensschwester in Weimar, wurde geboren am 9. November 1723 in Berlin – und schon hat uns die Geschichte beim Schopf. Alte Stadtpläne und ältere Menschen wissen, wo vormals das Berliner Schloß gestanden hat. Somit das Wochenbett der Königin. Es war ihre zwölfte Entbindung. Der Vater gratulierte, wurde aber bald stutzig gemacht über diese etwas plötzlicher als sonst erfolgte Geburt. Nun benahm er sich wie ein Mann. Erst sprach er nicht mit seiner Frau, dann gab er ihr »Schimpfreden, Beleidigungen und Beschuldigungen über ihre vorgebliche Untreue«. Er hatte keinen Grund. In dreiundzwanzig Ehejahren brachte Königin Sophie Dorothea sechzehn Kinder zur Welt. Will eine mehr?

Wie lebt eine Prinzessin? Aus unserer Märchenzeit wissen wir: Stöhnend erwacht sie am Morgen, denn durch zwanzig Matratzen und ebenso viele Eiderdaunen hat sie eine Erbse gespürt. Wenn Amalias Rücken beim Aufwachen schmerzte, dann wegen der Prügel vom Vortage. Frühzeitig lernte sie, sich wie die anderen Geschwister unterm Tisch zu verkriechen, wenn der Vater tobte und die Mädchen an den Haaren durchs Zimmer zog. Friedrich Wilhelm der Erste verdrosch Weib und Kind und Personal. Er ließ die blühende Grünanlage des Lustgartens zu einem Exerzierplatz umstampfen. Ein Militärfetischist, nicht der letzte seines Zeichens; was Wunder, wenn da einige Nachkommen musische Interessen zeigen.

Ehe wir's vergessen: Als Königs Wusterhausen noch Wendisch Wusterhausen hieß, vergnügte sich Friedrich Wilhelm I. damit, daß er sich die Berliner Post bringen ließ. Doch außer der an ihn gerichteten die anderer Leute. Seine Tochter sah es oft genug: »Den ganzen Tag brachte er in Wusterhausen damit zu, alles, was in und aus seinem Land geschrieben wurde, zu lesen.«

*

Friedrich Wilhelm I. war grenzenlos mißtrauisch und las die Post, um hinter die Geheimnisse seiner Minister, Diener und anderen Untertanen zu kommen, und wurde »doch betrogen wie alle Fürsten«, schreibt Streckfuß.

Von diesem Landesvater, auch »Soldatenkönig« genannt, ist überliefert, daß er Berlinern, die bei seinem Anblick davonrannten, mit Stockprügel nachsetzte und dem Schrei: »Lieben sollt ihr mich!« 1990: »Ich liebe doch alle Menschen ...«, wer sagt's denn.

Wen liebt eine Prinzessin? Im Märchen hat sie drei Bewerber und erhört immer den Dritten. Das freut uns als Kind. Doch allzubald vergessen wir die Lehre, nicht immer der Erste sein zu müssen, sondern vielleicht lieber der glückliche Dritte. – Dreimal hätte Amalia heiraten können. Mit einundzwanzig den Großfürsten Peter, der wurde später Zar. Danach schlug sie einen mecklenburgischen Prinz aus. Schließlich bot man ihr den gleichaltrigen, verwitweten König von Dänemark an. Mit diesem Dritten hätte sie wohl nicht schlecht gelebt. Er war ein den Künsten und Wissenschaften gewogener Mann, der die Leibeigenschaft aufhob und die Pockenimpfung einführte.

Die Liebe einer Prinzessin, ihr Körper, sind kein Geschenk, sondern Handelsware. Als Friedrich II. 1740 die

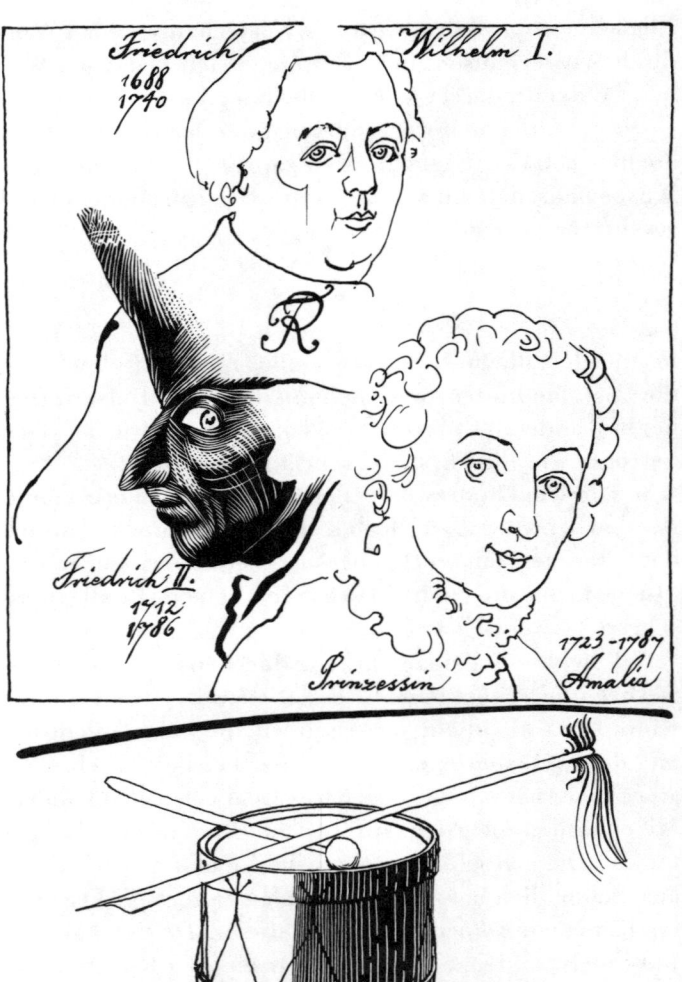

Regierung übernahm, waren vier seiner Schwestern bereits diplomatisch verheiratet; Ulrike gab er nach Schweden, und als feststand, daß Amalia nie heiraten würde, machte er sie zur Fürst-Äbtissin von Quedlinburg. Sie lebte jedoch weiterhin in Berlin.

Graf Lehndorff, der Kammerherr der Königin, schrieb während seiner dreißigjährigen Tätigkeit am Hofe geheimes Tagebuch. Achtzehn Bände. In denen kommt Amalia zuweilen vor: »Sie ist wirklich wie manche großen Männer; nichts ist mittelmäßig an ihr, entweder ist sie himmlisch oder teuflisch ...«

Als Amalia Äbtissin geworden war, notierte Lehndorff: »Es ist recht schade, daß sie sich nichts daraus macht, bei den Leuten beliebt zu werden.« – »Ihr Äußeres ist bezaubernd, und nach meiner Ansicht ist sie die schönste Frau von der Welt. Sie ist nicht groß, ein wenig beleibt, doch dabei von einer Erscheinung, die jedermann imponiert ...«

Und dann wieder: »Die Wogen des Meeres sind nicht aufgeregter als ihr Gebaren. Gut und böse, Philosophin, Weltkind und Betschwester, alles das ist sie nacheinander; zehnmal ist sie in der Woche zufrieden und unzufrieden. Dieses wetterwendische Wesen ist für ihre Umgebung natürlich eine schreckliche Pein. Am wohlsten ist ihr, wenn alles drunter und drüber geht.«

Nun wissen wir Bescheid.

Lehndorff: »Unter hundert Personen würde man sie immer herauskennen und ihre königliche Abstammung bemerken. Ihre Augen sind von hinreißender Schönheit, ihr Mund ist klein und verleiht ihr beim Sprechen eine unendliche Anmut, kurz, sie ist in außerordentlichem Maße liebenswürdig.«

Ein Augustabend im Jahre 1750. Seit fünf Jahren herrscht Friede im Land. Amalias große Schwester, die Markgräfin Wilhelmine von Bayreuth, kommt zu Besuch. Dieser Lieblingsschwester zu Ehren gibt König Friedrich ein nächtliches Fest. Ein Turnier im Lustgarten.

Da werden wir ein wenig beiseite treten. Vielleicht auf die Stufen am Alten Museum oder auf die Treppe am Dom, damit gut zu sehen sind die vier Reitergeschwader, die von der Breiten Straße her antraben. Je sechzehn Ritter, begleitet von kostümierten Dienern und Fackelträgern. Voran die Römer. Ein Pauker und acht Trompeter zu Pferde.

So gelangen die Römer verkleidet an uns vorbei, Prinz August Wilhelm als ihr Consul. Dann die Karthager, angeführt von Prinz Heinrich, in dessen Palais heute die Humboldt-Universität regiert. Die Griechen reiten an, beflügelt von Prinz Ferdinand von Braunschweig, der später einen »ungemein kostbaren Brillantring« gewinnt, zuletzt die Perser unter dem Markgrafen von Schwedt.

Im Lustgarten war eine Tribüne für den König und den Hofstaat errichtet, gegenüber eine andere für die Prinzessin Amalia. Daneben Logen für den Adel und eine Tribüne für Bürger. Dort saß oder stand ein 21jähriger namens Gotthold Ephraim Lessing, von dem wir noch hören werden.

Dreißigtausend Lampen – wie stellt man sich das vor? Kerzen oder Öl – erhellen das Amphitheater, in dem nun ein Karussell geritten wird, eine kunstvolle Quadrille. Ein nachempfunden ritterliches Schauspiel mit Geschicklichkeitsprüfungen, Lanzenstechen und Speerwerfen. Die Ziele waren Medusenhäupter und Türkenköpfe, letztere als aktuelle Feinde dienlich und fern genug, um den anwesenden diplomatischen Vertretern keine Möglichkeit zum Verlassen des Festaktes zu bieten.

Da kann sich eine Regierung noch so große Mühe geben
zur Belustigung ihrer selbst; wenn sie einfaches Publikum
zuschauen läßt, wird es immer solche Lessings zu schlimmen Versen veranlassen:

Auf ein Karussell

Freund, gestern war ich – wo? –
   Wo alle Menschen waren
Da sah ich für mein bares Geld
So manchen Prinzen, so manchen Held.
Nach Opernart geputzt, als Führer fremder
   Scharen.
Da sah ich manche flinke Speere
Auf mancher zugerittner Mähre
Durch eben nicht den kleinsten Ring
Der unter tausend Sonnen hing
(O schade, daß es Lampen waren!).
Oft, sag ich, durch den Ring
Und öfter noch darneben fahren
Da sah ich – ach, was sah ich nicht.
Da sah ich, daß beim Licht
Kristalle Diamanten waren;
Da sah ich, ach, du glaubst es nicht,
Wie viele Wunder ich gesehen.
Was war nicht prächtig, groß und königlich?
Kurz, dir die Wahrheit zu gestehen,
Mein halber Taler dauert mich.

Er hat nur nicht recht hingeschaut, Lessing! Sah Er nicht,
wie es unsern König ergötzte! Statt daß Er in einem Brief
um Wiederholung ersuchte! So muß Sein König, der an-
schließend mit dem Hof im Opernhaus an sieben Tafeln

speiste, selber auf die Idee kommen, das gut gelungene Schauspiel am hellerlichten Tage wiederholen zu lassen.

Wir aber wohnen der Premiere bei. Kerzen flackern überm Lustgarten.

Der König hatte vier Kampfrichter ernannt. Nach deren Urteil überreichte Amalia die Siegespreise. Die Reihenfolge stand wohl vor dem Einreiten fest, dennoch erblicken wir zwischen den Amateuren einen Profi: Für den Generalmajor von Ziethen »zwei schöne Brillanten«.

Amalia als eigentliche Siegerin? Sie war sechsundzwanzig Jahre alt und zeichnete sich – darüber herrscht unter den Chronisten Einigkeit –»gerade an diesem Tage durch feenhafte Schönheit aus«. War es der schönste Tag in ihrem Leben?

Kronzeuge Voltaire. Er lebte damals, fünfundfünfzig Jahre alt, in Berlin als Gastlehrer beim König und war so entzückt von Amalias Liebreiz, daß er Verse schrieb, die in die Zeitung gerieten und in unvollkommener Übersetzung – ich werde wagen, Voltaire nachzudichten – etwa so lauten:

> Nie in Athen, noch weniger in Rom,
> sah schön're Spiele man, würd'gere Preise.
> Ich sah den Sohn des Mars als Páris,
> Und Venus, die den Apfel reichen sollte.

Das hätte er sich bei aller Wertschätzung nicht leisten dürfen. Entzücken in diesen Kreisen will angeordnet sein. Da übte Voltaire, wofür man später das Wort »Selbstkritik« prägte:

> Ich komme meinen Irrtum abzuschwören
> Vor der Liebe Füßen.

Ja, diese Zuflucht ist der
höchste Aufenthalt.
Im Götterstrahl seh ich
bewundernswert den König,
und zärtlich gehn und lächeln
die Grazien in Ihren schönen Augen.

Die schöne Amalia. Darüber machten die Berliner ihre
Glossen, als diese Verse »unvorsichtigerweise« in der Zeitung abgedruckt wurden. »Daher ward auf hohen Befehl
in eben dieser Zeitung angekündigt, daß weder der Herr
von Voltaire der Verfasser gedachter Verse sei, noch daß
solche der [!] erwähnten Prinzessin angingen.«

Das möchten wir wohl im Original nachlesen: »Berlinische Nachrichten von Staats- und gelehrten Sachen, Nr.
CXIV, 22. Sept. 1750: Von den ohnlängst in diese Zei-
tungs-Blätter eingerückten französischen Versen, welche
mit den Worten: Je viens abjurer etc. anfangen, ist zu
berichten, daß solche keineswegs auf die damals gedachte
hohe Person verfertigt worden, auch nicht den geistrei-
chen und vorsichtigen königlichen Kammerherrn, Herrn
von Voltaire, zum Verfasser haben.«

Eine weitere Wirkung dieser Lustbarkeiten sei nicht vor-
enthalten. Ein Chronist meldet: »Dieses für Berlin seit
Jahrhunderten unbekannte Vergnügen verschaffte demselben nicht allein eine herrliche Unterhaltung, sondern auch
den hiesigen Kaufleuten, Künstlern usw. großen Verdienst.
Jeder Herr von Stande, der daran Anteil hatte, sparte
keine Kosten, um bei diesem Feste auf das glänzendste zu
erscheinen, und man weiß, daß der Aufwand bei manchem
so groß gewesen ist, daß noch viele Jahre nachher deshalb
unbezahlte Forderungen vorhanden waren.«

16. Oktober 1757. Der Feind erscheint vor Berlin. Der Hof flüchtet in die Festung Spandau, wo er nur fünf Räume zur Verfügung hat. Lehndorff notiert, daß Amalia mit drei Hofdamen und vier Kammerfrauen »auf Stroh« zusammenwohnt, »außerdem drei dicke Landfrauen zum Feuermachen, die dermaßen schnarchen, daß die arme Prinzessin kein Auge zumachen kann«.

Anderntags beobachtet Lehndorff: »Die Prinzessin Amalia schreibt im Stehen einen Brief, da sie weder Tisch noch Stuhl hat.«

Man kann immer und überall einen Gruß, eine Postkarte schreiben. Es dauert zwei Minuten.

*

Graf Lehndorff in seinem Tagebuch am 16. Oktober 1761: »Ich soupiere bei der Prinzessin Amalia. Wir sind fünf und verzehren 200 Austern. Prinzessin Amalia ist in der besten Stimmung von der Welt ...«

*

Außer zu seiner früh verstorbenen Lieblingsschwester Wilhelmine hatte König Friedrich ein besonders inniges Verhältnis zu Amalia. Zwar gingen ihre musikalischen Interessen so weit auseinander, daß sie wohl nie gemeinsam musizierten, aber ihre Charaktere waren ähnlich. Die scharfe Zunge, der rücksichtslose Witz, die mit Bosheit und Güte gepaarte Menschenverachtung. Friedrich bezahlte ihre Schulden, oft nicht ohne ironischen Begleitbrief wie am 19. Dezember 1764:

»Liebe Schwester, ich schicke Ihnen etwas Tau für eine trockene und stets durstige Pflanze ...« Anmerkung der

Prinzessin: »Zwei Tausend Taler in Silber, die er mir schenkte.«

Sie ist ihm ähnlich. Eine widersprüchliche Persönlichkeit. Auf Anna Amalia trifft genau zu, was Ingrid Mittenzwei über den König schreibt: »Klug und geistreich bis zum Sarkasmus auf der einen und konservativ und reaktionär selbst im Denken auf der anderen Seite. Voller Achtung und Güte für Freunde das eine und von bitterer Menschenverachtung das andere Mal.«

Friedrich zeigte seine Vorliebe für Amalia so offen, daß sie bei Hofe und in der Stadt als seine Hauptspionin galt. Dazu mögen ihre Zwiespältigkeit beigetragen haben, ihre unbequemen Wahrheiten, sie konnte es sich ja leisten, jedenfalls sprach ihr Bruder Prinz Heinrich vor aller Öffentlichkeit von Amalia nur als der Hexe und der bösen Fee.

Man weiß von einem Fest, das August Wilhelm, ihr älterer Bruder, zu Ehren der Äbtissin von Quedlinburg gab. Dazu ließ er zwanzig Mädchen vom Gesinde damenhaft frisieren und aufputzen. Als nun unter Pauken und Trompeten Amalia an der Seite ihres Bruders das Schloß betrat, sprang ihr jene Schar als Damen Verkleidete entgegen, tolpatschig knicksend, jede stellte sich mit einer großen Visitenkarte vor. Darauf Namen wie »Gräfin von Zarthintern« oder »Marquise von Bettpiß«. Als man die Äbtissin in ihre Zimmer geleitete, stand dort ein Nachttopf, größer als ein Scheffelmaß – also an die fünfzig Liter fassend –, mit der Aufschrift: »Ihrer Ehrwürden zum Gebrauch«. Späße im Geschmack ihres Vaters.

Die Äbtissin Amalia war abergläubisch und hörte auf allerlei Wahrsager und Scharlatane. Rührend besorgt um ihren mit dem Siebenjährigen Krieg beschäftigten Bruder ließ sie für ihn Karten legen, für sein Kriegsglück, und schickte ihm durch Eilboten Voraussagen und Ratschläge.

Friedrich wiederum arbeitete in den Kampfpausen monatelang an einem Essay, den er Amalia widmete und »Epi-
stel über den Zufall« nannte.

Manchmal wartete die Prinzessin in einem unbeleuch-
teten Saal des Berliner Schlosses auf eine dort seit Jahrhunderten spukende Gestalt, die »Weiße Dame«, die ihr
als ebenbürtige Partnerin erscheinen sollte. Amalia glaubte
fest, ein Geist müsse auch geistreich sein und eine Weiße
Dame dementsprechend weise. Als die Erscheinung aus-
blieb, war Amalia überzeugt, die Weiße Dame bevorzuge
leider nur die Königin, die geistig tief unter ihr stand.

Solche Hinwendung zu überirdischen Vorgängen offen-
bart Sehnsüchte eines einsamen, verbitterten, von seiner
Mitwelt unterschätzten und enttäuschten Menschenkindes,
das auch körperlich benachteiligt lebt. Die Prinzessin krän-
kelte seit Jahren. Ein frühes Fußleiden ließ sie hinken, später konnte sie kaum noch ihre Hände gebrauchen. Durch
eigensinnig verwendete Medikamente hatte sie fast ihre
Stimme eingebüßt, sprach nur noch mit Mühe, heiser und
dumpf, man verstand sie kaum. Weil sie sich ein gegen eine
Augenentzündung verordnetes Mittel ungeachtet der ärzt-
lichen Vorschrift mutwillig ins Auge goß, wurde sie fast
blind. Niemand wagte dem König mitzuteilen, daß Amalia
ihr Unglück selbst verschuldet hatte. Folglich entließ Friedrich erbost ihren Leibarzt.

Im Winter bewohnte Amalia einen Palast Unter den
Linden, nahe dem Brandenburger Tor. Sie hatte ihn 1764
erworben, nach ihrem Geschmack umbauen lassen und
vererbte ihn dem Kronprinzen, dem späteren Friedrich
Wilhelm dem Dritten; der aber zog nie ein, sondern ver-
kaufte. Die Besitzer dieses kostspieligen Gebäudes wech-
selten. Schließlich, 1837, erwarb Zar Nikolaus der Erste
das Grundstück in der guten Gegend. Er sollte damals Eh-

Unter den Linden
Nr. 7

Schriftsteller
Buchhändler

Carl
Philipp
Emanuel
Bach

Verleger
Friedrich Nicolai

renbürger von Berlin werden, dazu mußte man Hauseigentümer sein, Grundbesitzer, ein Grund findet sich immer, und so blieb Unter den Linden Nummer Sieben bis 1917 Privatbesitz des Zaren und war gleichzeitig Russische Botschaft. Am 24. Oktober 1918 gab dort die neue Sowjetische Botschaft ein Bankett für den am Vortage aus dem Zuchthaus entlassenen Karl Liebknecht. Der hob in Amalias Winterpalast sein Glas auf den Sieg der Revolution. Bis heute befindet sich auf dem Gelände des im Kriege zerstörten Palais die Botschaft der UdSSR oder wie Rußland sich gerade nennt.

Auch der von Amalia im Sommer bewohnte Palast wurde 1944 ein Opfer der Bomben und existiert nicht mehr. Er stand in der Wilhelmstraße und galt, 1735 erbaut, als eines der schönsten Gebäude Berlins. König Friedrich kaufte es 1772 für seine Schwester, die hier ihre Sammlungen unterbrachte. Nicolai, der Dritte im aufklärenden Bündnis mit Lessing und Mendelssohn, schildert diesen Sommerpalast bis ins Detail. Die Musikalien, die Bücher, die erlesenen Kupferstiche und Gemälde. Aber eigentlich sieht es dort aus wie im Zimmer von Tante Amalia: Sie hat die Bilder ihrer Lieben an der Wand. Der Vater in Uniform, der Bruder als Kind neben der kleinen Schwester, die Schwägerin im Sonntagskleid – es sind nur andere Formate und, da es sich um eine Prinzessin handelt, keine Kopien, sondern Originale.

Nach Amalias Tod diente ihr Sommerpalast unterschiedlichsten Zwecken. Als Damenstift, Musikschule, Maleratelier, Gästehaus, Impflokal, Feldpostamt, Hotel. 1830 erbte ein Königssohn den Palast und ließ das Innere verändern. Von Schinkel. Fortan hieß das Gebäude Prinz-Albrecht-Palais. 1928 gehörte es der Reichsregierung, 1935 zog die SS ein, das Reichssicherheitshauptamt, und der grauen-

volle Name Prinz-Albrecht-Straße bleibt einer der nie
aus unserer Vergangenheit zu löschenden Begriffe.

In einem Zimmer ihres Sommerpalastes hingen Musiker-
porträts. Amalia hat ihre Musikberater Carl Philipp Emanuel Bach und Johann Philipp Kirnberger malen lassen.
Nicolai erwähnt »eine schöne Orgel« und »eine sehr große
Sammlung der auserlesensten und seltensten geschriebe-
nen und gedruckten Musikalien, welche eingebunden in
Glasschränken liegen«: die Amalienbibliothek!

Was für Schätze zusammengetragen im Musikzimmer
hinter den Scheiben aus böhmischem Spiegelglas: die Handschriften der »Messe in h-Moll«, der »Matthäus-Passion«;
das »Wohltemperierte Klavier« und die »Brandenburgi-
schen Konzerte«. Diese Bach-Originale – Kirnberger war
bei Ankäufen ein kluger Berater gewesen – ermöglichten
Jahrzehnte später nicht nur die Berliner Bach-Renaissance
unter Zelter und Felix Mendelssohn Bartholdy, sie sind
überhaupt die Grundlage für die Bach-Pflege im 19. Jahrhundert, die von Berlin ausging, und danach erst von Leipzig.

Seit ihrem siebzehnten Lebensjahr hatte die Prinzessin
Musikunterricht genossen, später Kontrapunkt studiert
und Noten gesammelt. Sie spielte etwas Flöte und Violine,
beherrschte Cembalo, Klavier und Orgel – eine Orgel,
über deren Fertigstellung sich Amalia im Jahre 1756 sehr
freute, gelangte auf mancherlei Umwegen ...

*

Weil die Prinzessin offenbar später eine andere Orgel bekam, war die erwähnte um 1775 in der Kirche zu Ber-
lin-Buch als Geschenk des Königs aufgestellt worden. Im
August 1934 sah und hörte sie der Potsdamer Orgelbauer

Hans-Joachim Schuke und stellte ihren schlechten Zustand fest. Schuke vermutete, daß die Orgel ursprünglich für einen anderen Raum gebaut und gestaltet worden war, und fand auf der größten Pfeife – Subbaß 16 C – eine handschriftliche Aufzeichnung, daß die Orgel 1756 von Migend erbaut worden war. Eine Vignette in dem Buch »Werkstätte der heutigen Künste ...«, 1764, bot über dem Kapitel »Orgelbau« das Bild einer Orgel, die völlig mit der Migend-Orgel in der Bucher Kirche übereinstimmte. Diese Vignette zeigt einen Saal des Palastes in der Wilhelmstraße, den Amalia bewohnte.

Da die Bucher Kirche renoviert werden sollte, schloß man sich Schukes Auffassung an, die Orgel passe architektonisch und wegen ihrer Größe nicht hinein; der Gemeindekirchenrat von St. Marien und St. Nikolai kaufte sie, um sie, wie Hans-Joachim Schuke 1962 in einem ausführlichen Brief beschrieb, »in der ältesten Berliner Kirche – St. Nikolai –, die großzügig renoviert werden sollte, als zweite Orgel aufzustellen«. Windladen, Mechanik und Pfeifenwerk kamen in Schukes Werkstatt nach Potsdam, das Orgelgehäuse wurde in Berlin untergestellt. Da brach der Krieg aus. Die Renovierung der St. Nikolaikirche wurde aufgeschoben, die Bucher Orgel wurde als zweite Orgel im Seitenschiff der Marienkirche aufgestellt. 1943, als die Bombenangriffe auf Berlin zunahmen, wurde das Gehäuse abgebaut und im Keller der Berliner Münze gelagert. Bei einem Luftangriff erlitt dieses Gebäude Schäden, »so daß das Gehäuse mit den Prospektpfeifen teilweise unter Wasser stand. Hierbei gingen einige Prospektpfeifen verloren.«

Nach dem Kriege konnte man in der fast vollständig zerstörten St. Nikolaikirche keine Orgel aufstellen. In der St. Marienkirche fand sich kein geeigneter Platz. Daraufhin schenkte die St. Mariengemeinde die Migend-Orgel der

Mit Amalia

Kirchengemeinde in Berlin-Karlshorst für die wiedererbaute Kirche »Zur frohen Botschaft«. Dort hat Hans-Joachim Schuke 1960 die Kostbarkeit aufgestellt, »die älteste der noch erhaltenen Orgeln Berlins«. Sie erklingt nur ein paar Ecken entfernt von jenem Haus, in dem am 8. Mai 1945 die bedingungslose deutsche Kapitulation unterzeichnet wurde, die auch das Ende des von Amalias Vater begründeten und von ihrem Bruder perfektionierten preußischen Militarismus bedeuten sollte. Kontrapunkte, wie die Geschichte sie setzt.

*

Mit sechsunddreißig Jahren habe Amalia den Kontrapunkt zu studieren begonnen. Angeleitet von Kirnberger, dem Musik-Theoretiker und Bachschüler, komponierte sie. Choräle, Lieder und Kammermusik. Und Militärmärsche. Bricht so der Soldatenvater durch?

Alle Jahre hatte das Theater im Palast (der Republik) zu Ostern Konzerte veranstaltet, preußische Musiken, sogenannte. Da waren die beständigen Melodien zu hören, obwohl König Friedrich noch nicht wieder Unter den Linden ritt, wohlgemerkt. Man fing also dort nicht plötzlich *zeitgemäß* an, als er im Winternebel festgemauert wurde, das Brandenburger Tor im Rücken, wie gewohnt.

1985 trug das österliche Konzert den Titel »Aus der Amalienbibliothek«. Die Prinzessin war mit eigenen Kompositionen vertreten, kurzen Regimentsmärschen, die ursprünglich für Bläser geschrieben waren, wie sich denken läßt, hier jedoch in einer seit Jahrzehnten für Streichorchester vorliegenden Fassung erklangen. Ich würde sie schon einmal im Originalton anhören mögen.

Amalia hat, soweit uns bekannt, fünf solcher Märsche

komponiert. Erst nach dem Siebenjährigen Kriege. Für
Paraden und dergleichen Anlässe. Zur Zeit des bayrischen
Erbfolgekrieges, 1778, vertonte Amalia einen »Schlacht-
gesang«. Der wurde 1915 wiederverwendbar. »Wie für die
jetzige große Zeit geschrieben« steht auf dem Neudruck,
»für dreistimmigen Schulchor« verbilligt erhältlich, ein
echter und rechter Volksgesang, wohlgeeignet, Gemein-
gut des deutschen Volkes zu werden«. Es ist uns erspart
geblieben.

Wer ältere Musik mochte, Bach oder Händel, erschien zu
Amalias musikalischen Soireen. Für das musikalische Ge-
genwartsschaffen ihrer Zeit hatte sie kein Gehör. Daran
soll Kirnberger schuld gewesen sein, der 37jährig von der
Hofkapelle hinüberwechselte zum Kompositionslehrer,
Kapellmeister und musikalischen Berater der Prinzessin,
die in jungen Jahren von Gottlieb Hayne unterrichtet worden war, der schon unter ihrem Großvater musiziert hatte
und unter ihrem Vater als Domorganist mit jungen und
alten Musikfreunden sozusagen den Grundstein zur Sing-
akademie legte.

Kirnberger beteiligte sich seinerzeit an musiktheoreti-
schen Untersuchungen zur gleichschwebenden Temperatur und »nahm Gelegenheit, mit einem scharfsinnigen Mathematiker hieselbst, dessen Namen zu nennen ich nicht
die Erlaubnis habe, hierüber zu sprechen und denselben
zu fragen« – so der Gelehrte Friedrich Wilhelm Marpurg
1761 im Vorwort seiner »Historisch-Kritischen Beiträge«.
Dem scharfsinnigen Mathematiker sei es gelungen, »eine
vollkommen gleichschwebende Temperatur auf dem Mono-
chord zu bilden«.

Der scharfsinnige Mathematiker, der zählte einunddrei-
ßig Jahre, als er seine Abhandlung »Versuch, eine vollkommen gleichschwebende Temperatur durch die Construc-

tion zu finden« schrieb. Ein mathematisches Vergnügen, wie es heißt. Als nun Johann Philipp Kirnberger die Abhandlung in seiner Schrift veröffentlichte, verschwieg er nicht nur den Namen des eigentlichen Verfassers, sondern gab sie sogar in der Vorrede zur 4. Sammlung seiner »Clavierübungen« als seine eigene Schrift aus.

Mendelssohn war tatsächlich der Verfasser dieser kleinen Schrift gewesen. Marpurg führt erst 1776 »den berühmten Herrn Mendelssohn« als Verfasser jener Abhandlung an. Kirnberger wiederum hatte in einem Nachdruck die Druckfehler der Erstausgabe nicht nur nicht verbessert, sondern vermehrt. Er verstand eben nicht so viel von Mathematik.

Nun wäre zu rätseln, weshalb sich Kirnberger nicht mit einem Anerkannten schmückte, oder war es im Kreise der königlichen Familie für den »Hofmusicus« nicht angebracht, einen Juden zu zitieren, zumal dieser Friedrichs Verse kritisch rezensiert hatte? Wie dem auch sei, auch das wird heute als Erbe gepflegt.

Also, unsereiner hat als Herausgeber von Berlin-Büchern die Erfahrung gemacht, daß Fundstücke, ausgegraben in Archiven und Bibliotheken, gelesen in alten und vergessenen Zeitungen, gern übernommen werden von anderen, sogar namhaften Herausgebern anderer Berlin-Bücher. Einige nennen die Ur-Quelle, aber nicht, woher sie es eigentlich haben. Andere lassen sie ganz weg.

Es ist wie beim alten Kirnberger. Sie übernehmen meine Schreib- und Druckfehler.

Anna Amalias Orgelspiel übertönt dieses Zwischenspiel. Amalia komponierte Lieder und Choräle, über die Curt Sachs, ein 1933 zur Emigration aus Deutschland veranlaßter Musikwissenschaftler, schrieb, daß die Choräle »den eigentlichen tragischen Punkt im musikalischen Wesen der

Prinzessin« beleuchten. Während sie sich mit allen Kräften gegen die Musik ihrer Zeitgenossen stemmte, zum Beispiel gegen Gluck, »während sie alles verdammt, was um sie herum geschaffen wird, und dauernd auf die Alten als das einziggültige Vorbild hinweist«, muß sie sich, vielleicht unbewußt, ihrer Zeit und Umwelt anpassen und versäumt die um sie herum aufblühende neue Tonwelt: »Den Geist der Alten konnte sie nicht herüberretten, und so vergaß sie ihn schließlich über der leeren Schale. Das hat Kirnberger zum größten Teil auf dem Gewissen.« Sachs spricht vom »Kontrapunktikerdünkel, der den Wert eines Tonstocks nur nach der Gelehrsamkeit seiner Arbeit einschätzt« und nennt ihn »das hervorstechendste Charakteristikum der musikalischen Persönlichkeit Amalias«.

Und der musikalische Bruder? Er kümmert sich flötend nicht um ihre musikalischen Interessen. Sie schreibt ihm darüber so gut wie nichts in ihren Briefen, höchstens: »Meine Stunden vergehen im Wohlklang einer himmlischen Harmonie. Sie, mein lieber Bruder, machen sich über meinen Enthusiasmus lustig, aber die Musik ist immer meine größte Leidenschaft gewesen.«

Somit ist ihre Bibliothek die eigentliche musikalische Leistung. Noch einmal Curt Sachs, und er kann es beurteilen: »Mit den knappsten Geldmitteln hat sie es möglich gemacht, eine Bibliothek der wertvollsten praktischen und theoretischen Musikwerke alter Zeit zusammenzubringen ...« Es waren bei ihrem Tode nahezu dreitausend Bücher und über sechshundert Bände Musikalien.

Dazu paßt König Friedrichs Satz: »Es freut mich immer, wenn ich finde, daß sich der Verstand mit der Musik zu schaffen macht ...«, jedoch heißt zitieren zuweilen weglassen, wie wir in Geschichte bei den Professoren Weglaß und Klitterer lernen mußten. Daher sei nicht auf die zweite

52

Hälfte des Ausspruchs verzichtet, die wie eine Bestätigung des schwesterlichen Komponierens klingt: »...wenn eine schöne Musik gelehrt klingt, das ist mir so angenehm, als wenn ich bei Tisch klug reden hörte.« U- und E-Musik harmonisch vereint.

Amalia vermachte ihre Bibliothek mit allen Bildern und Kupferstichen dem Joachimsthalschen Gymnasium zu Berlin mit der Bedingung, »daß kein Buch noch Blatt Papier aus dem Hause kommen, sondern solche bloß Wißbegierigen und Kennern der Literatur und schönen Wissenschaften vorgelegt werden«. Dem widersprach 1812 Ernst Ludwig Gerber in seinem Tonkünstler-Lexikon und nennt die vorhandenen Schätze »so gut wie verloren«, weil sogar das Ansehen der Stücke verboten sei. Gerber warnt: »Es möge sich also nur kein Fremder mit der angenehmen Hoffnung täuschen, hier seine Wißbegierde befriedigt zu sehen.« 1840 resigniert Pierers Lexikon: »So ruht denn dieser Schatz tot und ungenutzt.« Das geht manchem Nachlaß so.

Langer Rede kurzer Sinn: Als 1910 das Joachimsthalsche Gymnasium nach Templin umzog, gelang es dem Generaldirektor der Königlichen Bibliothek, der heutigen Deutschen Staatsbibliothek, den musikalischen Teil der Bibliothek für sein Haus zu sichern.

*

Am Ende der friderizianischen Zeit gab es am Silvesterabend im Berliner Schloß eine sogenannte Konfidenztafel. Das ist ein Tisch, der sich in die Tiefe leiern und festlich beladen zurückholen läßt. Da können zwei oder mehrere vertraulich miteinander reden, kosten und kosen, ohne gehört und beobachtet zu werden. Solange die Elektrizität noch nicht erfunden war, funktionierte das. Solche Konfidenztafel war, wie sich denken läßt, keine Berliner Entdeckung; daß es sie bloß einmal im Jahre gab, ist charakteristisch.

Der alte Friedrich II., gichtgekrümmt und vergnatzt, ließ sich dazu von seiner jüngsten Schwester Amalia einladen, die ein paar Damen mitbrachte. Bedingung: Geistreich mußten sie sein. Damals, vor ihrer endgültigen Gleichberechtigung, übten nach altem Brauch die Frauen nur am letzten Tage des Jahres eine Art Herrschaft aus. Daher fand jede Dame an der Konfidenztafel unter ihrer Serviette eine Krone und ein Szepter aus Zuckerwerk. Die Frauen sollten süß regieren, süß reagieren. Der Konditor war immer ein Mann.

Einladung Friedrichs zur Konfidenztafel, Silvester 1767:

>»Gefiel in einer philosophischen
>Einsiedelei ein kleines Mahl Dir wohl,
>das einfach, ja ein wenig ländlich ist?«

Bei dieser Gelegenheit wurde der König heiter. Er saß und aß ungestört und durfte sagen, was ihm einfiel. Vielleicht gab es einen besonders guten Wein. Die Damen, voran seine Schwester, nahmen weder den Fächer noch ein Blatt vor den Mund.

So erfuhr er an diesem Abend manches, was ihm sonst keiner sagte, und lebte diese paar Stunden wie ein richtiger Mensch. Und gewährte Bitten. Die Damen, beschwingt und ihrer Macht bewußt, entlockten ihm Zugeständnisse für sich und gute Freunde. Die lauerten zu Beginn des neuen Jahres auf Gnadenbeweise und Vergünstigungen. Deshalb brachte jede an diesem Abend Eingeladene im Gedächtnis einen langen Wunschzettel mit.

Als Achtjähriger hat von der Marwitz miterlebt, wie der alte König am 21. Mai 1785 von einer Besichtigung aus Tempelhof kam. »Das ganze Rondell, jetzt Belle-Alliance-Platz [heute Mehringplatz] und die Wilhelmstraße waren gedrückt voll von Menschen, alle Fenster voll, alle Häupter entblößt, überall das tiefste Schweigen.« Das ist ehrenvoller als Gebrüll. »Der König ritt ganz allein vorn und grüßte, indem er fortwährend den Hut abnahm. Durch das ehrfurchtsvolle Schweigen tönte nur der Hufschlag der Pferde und das Geschrei der Berliner Gassenjungen, die vor ihm hertanzten, jauchzten, die Hüte in die Luft warfen. Bei dem Palais der Prinzessin Amalia angekommen, war die Menge noch dichter geworden, denn sie erwartete ihn da; der Vorhof war gedrängt voll, doch in der Mitte, ohne Anwesenheit irgendeiner Polizei, (war) geräumiger Platz für ihn und seine Begleiter. Er lenkte in den Hof hinein, die Flügeltüren gingen auf und die alte, lahme Prinzessin, auf zwei Damen gestützt, die Oberhofmeisterin hinterher, wankte die flachen Stiegen hinab, ihm entgegen. Sowie er sie gewahr wurde, setzte er sich in Galopp, hielt, sprang rasch vom Pferde, zog den Hut, umarmte sie, bot ihr den Arm und führte sie die Treppe wieder hinauf.«

Der Bruder besuchte sie zwar selten, aber immer zum Mittagessen. Da saß Amalia neben ihm, vor Ekel zitternd, denn brüderlich, um ihre lahmen Hände wissend, schnitt er ihr Brot und Fleisch und legte es ihr auch vor. Wenn er es nur nicht mit seinen vom ewigen Tabakschnupfen verfärbten Fingern berührt hätte. Und von seiner besudelten Uniform waren dabei Tabakskrümel auf Amalias Teller gefallen.

Jährlich einmal besuchte sie ihren Bruder in Sanssouci. Das war Sitte und Gesetz. Jedoch weder die Prinzessin noch ihre Hofdamen erfuhren, wie lange sie bleiben durften, bis zu dem Augenblick, wenn Friedrich ganz überraschend und nicht ohne Bedauern sagte: »Ich erfahre, meine teure Schwester, daß Sie mich schon morgen verlassen wollen!« – »Ja, Sire.« – »Sie können nicht einen einzigen Tag zulegen?« – »Nein, Sire.« – »Ich bin darüber wirklich traurig.« Daraufhin mußte in größter Eile gepackt werden und alles zum Aufbruch zur angegebenen Stunde bereit sein. Und was besonders bemerkenswert war: Keinen Augenblick länger war für Unterkunft und Bewirtung gesorgt.

Aus dem Testament Friedrichs II.:

»Meiner Schwester Amalia 10 000 Taler, in Worten zehntausend Taler. Einkünfte aus dem in der Tabakregie angelegten Kapital, eine Dose von 10 000 Talern aus meiner Schatulle, zwanzig Eimer Ungarwein und das silberne Tafelgeschirr, von dem meine Flügeladjutanten in Potsdam speisen.«

*

»Kgl. priv. Berlinische Zeitung von Staats- und gelehrten Sachen«, am Sonnabend, den 31. März 1787:

»Es hat dem Höchsten gefallen, Ihre Königliche Hoheit, Prinzessin Anna Amalia von Preußen, Fürstin-Äbtissin von Quedlinburg, Tante seiner Majestät des jetzt regierenden Königs gestern Nachmittag gegen 4 Uhr nach einem dreitägigen Krankenlager aus dieser Zeitlichkeit abzufordern.«

…aus dieser Zeitlichkeit abzufordern … Das ist Sprache. Das war Sprache.

»Ihre Königliche Hoheit schwächliche Gesundheit ward über den Schmerz über den Tod ihres großen Bruders, mit welchem sie durch zärtlichste Freundschaft verbunden waren, noch so viel mehr zerrüttet; und ihr Geist beschäf-

tigte sich seit dieser Zeit noch so viel öfter und lieber mit
dem Gedanken an die zukünftige Welt, in welche er nun,
nach dem heiligen Ratschluß der Vorsehung ohne die
Schrecken des Todes lange gefühlt zu haben, übergeführt
worden ist. Je mehr die verewigte Prinzessin durch viele
große Eigenschaften und fürstliche Tugenden eine Zierde
des Thrones war, je mehr sie durch unvergeßliche Milde
und ausgebreitete Wohltätigkeit für das Glück anderer un-
ermüdet besorgt gewesen ist, desto gerechter und tiefer ist
die Betrübnis über den Tod einer so großen und gütigen
Fürstin. – Als einen Beweis jener Wohltätigkeit sei es uns
erlaubt, hier anzuführen, daß unter vielen anderen Bei-
spielen von Mildtätigkeit zur Zeit des Absterbens achtzehn
junge Personen beiderlei Geschlechts durch die unmit-
telbare Unterstützung der hochseligen Prinzessin unterhalten und zu Wissenschaften, Künsten und nützlichen
Gewerben erzogen wurden. Hieraus läßt sich ungefähr
berechnen, wieviel Gutes dieser Art die Verewigte die Zeit
ihres ruhmwürdigen Lebens hindurch gestiftet habe. In
dem Palais der Prinzessin ist man jetzt beschäftigt, die
Zimmer schwarz auszuschlagen ...«

So teilen es die »Berlinischen Nachrichten von Staats-
und gelehrten Sachen« am 3. April 1787 dem Lesepubli-
kum mit. Sechs Wochen Hoftrauer; täglich, vierzehn Tage
lang, läuten in allen Kirchen des Landes die Glocken eine
Stunde mittags von 12 bis 1 Uhr.

Und Amalia wollte es einfacher haben. Hatte verlangt »in
aller Stille, ohne Pracht, noch anderem Gefolge als von
Dero Hofstaat in später Nacht beigesetzt zu werden«.

Sie wurde in ihrem Palast aufgebahrt. Der Sarg war
»nach der hochseligen Prinzessin eigenen Disposition nur
ganz einfach, schwarz angestrichen und mit ledernen Grif-
fen versehen«.

Abends versammelte sich der Hofstaat, um zehn setzte sich der Trauerzug in Bewegung. Sechsspännig fuhr der Wagen mit dem Sarg durch die Wilhelmstraße »längs der Linden, gerade nach der Domkirche«.

Das wäre ein Spaziergang am Frühlingsabend, nachdenklich und nachvollziehbar.

Aber der Dom wird abgeschlossen sein.

Damals war er offen. War aber auch ein anderes Bauwerk, das den ausdrücklich prunklosen Trauerzug empfing. Der Sarg wurde bis unter die Kanzel getragen und dort auf die zum Einsenken in die königliche Gruft vorhandene Maschine niedergesetzt. Es gab einen Lastenfahrstuhl.

Dann gingen alle Anwesenden in die Gruft, »um daselbst die fürstliche Leiche zu empfangen«, und begleiteten sie bis an den zu ihrer Ruhestätte bestimmten Ort. Seinerzeit, als 1750 dieser neue Dom fertig war, hatte Amalia die Särge ihrer Vorfahren besichtigt.

Entgegen der Bestimmung, daß nur ihr Hofstaat anwesend sein sollte, waren drei junge Prinzen erschienen, die Söhne des Prinzen Ferdinand.

1876 war Amalias Sarg bei einer Inventur der Hohenzollerngruft noch als Nummer 55 nachgewiesen worden. 1985 war er nicht mehr da. Oder ließ sich nicht finden. Schon vor über hundert Jahren hatten Chronisten das hohe Grundwasser beklagt; im Krieg beschädigten Bombentreffer einen Teil der Gruft, es hatte gebrannt. Einer, der es wissen muß, sagte mir, daß um die Jahrtausendwende die Hohenzollerngruft mit ihren restaurierten Särgen kein geringerer Anziehungspunkt sein wird als die Kapuzinergruft in Wien.

Amalienpark, so heißt bei uns in Pankow ein Stückchen Erde. Gar nicht weit entfernt vom Park, in dessen Ferne ein Schloß leuchtet. Es war der ständige Wohnsitz der ungeliebten Gemahlin von König Friedrich II. Und Amalia war oft bei der Königin zu Gast. Deshalb Amalienpark? Vielleicht.

Amalienpark, das sind ein rundes Dutzend dicker Bäume, unenglischer Rasen, acht Bänke, ein kleines Rosenparterre. Eingerahmt von zwei Einbahnstraßen und herrschaftlichen Häusern mit Vorgärten, erbaut um die Jahrhundertwende.

Vorn, an der lauten Hauptstraße, eine Plastik. Beinahe lebensgroß ein Liebespaar. Ganz jung. Rücken an Rücken sitzen Mädchen und Jüngling rittlings auf einem Bänkchen; das bietet gerade Platz für Zwei. Nur ihre Rücken berühren sich. Die Arme hängen. Millimetersekunden sind ihre Finger voneinander entfernt. Diesen Augenblick, wenn das Glück beginnt, hat die Bildhauerin eingefangen. Es war ein Auftragswerk, aber als sie diese Gruppe formte, wußte Carin Kreuzberg nichts vom zukünftigen Standort Amalienpark. Der bot sich zufällig, wie das so ist, dem Rat als unbelegte Stelle an.

Wer dort vorbeikommt und etwas über Amalia weiß, dem wird die Plastik zum absichtsvollen Symbol der angeblichen Liebschaft der jungen Prinzessin mit dem achtzehnjährigen Kornett Trenck. Gern möchten Hof- und Stadtklatsch ihn unter ihrer Daunendecke sehen. Wie sonst erklärte sich die anhaltende Ungnade des Königs? Trencks langjährige Haft, der Ketten-Terror, die Isolierzelle in der Festung Magdeburg. Zwar hatte der König die Folter abgeschafft in seinen Landen, aber richten sich jene danach, die von Berufs wegen gern quälen? Magdeburgs Kommandant ließ seinen Häftling in der Nacht jede Viertelstunde wecken. Nicht genug, daß Trenck an Hals, Leib und Ar-

Dom

Umgebaut 1817-22 von Karl Friedrich Schinkel

Friedrich Frh. v. d. Trenck

men angekettet war. Aus dem Schlaf geschreckt mußte er
Antwort geben.

(Lesepause. Um darüber nachzudenken.)

Trenck, der im Kerker mit einem Nagel und eigenem
Blut manche Verse geschrieben hatte, ersann ein »Nacht-
lied beim Wecken der Wachen«. Zwölf Strophen, nach einer
Kirchenmelodie zu singen: »Weckt mich nur, ihr meine
Wächter/wenn die Viertelstunde schlägt./Treibt mit mir
für Spott Gelächter/Lauscht nur, ob mein Fuß sich regt,/
um den nie erhörten Willen/ eurer Obern zu erfüllen.« Der
Kommandant verbot Trenck zwar das Singen, »aber ich
war nie gehorsam, sondern sang desto mehr, desto deutlicher, desto lauter die Wahrheit: Weckt mich alle Viertel-
stunden,/ruft nur meinen Namen laut./Ritzt mir stets die
alten Wunden,/ wenn euch vor der Tat nicht graut./Denn
so oft ihr mich hier störet,/glaubt, daß Gott euch brüllen
höret!« Das war wohlüberlegt, denn sein Wachpersonal
hatte von Kindesbeinen an die Gottesfurcht gelehrt bekommen.

Trenck beschrieb die Ränder seiner Bibel und gravierte
seinen zinnernen Trinkbecher.

Einen mit sechzehn Sinnbildern gravierten schickte er
am 28. Juni 1761 an Amalia, die mehrere Bittschriften
von Trenck bekommen hatte in diesen Jahren und sich
vielleicht für ihn verwenden konnte. Trenck über seinen
Becher: »Dieses ist eigentlich die andere Methode, meine
Bittschriften anzubringen, und durch Bilder alles zu sagen,
was ich sonst nicht sagen darf.«

Trenck hat seine Memoiren und Verse erst veröffentlicht, als Friedrich und Amalia nicht mehr lebten. War sie
Trenck je mehr gewesen als eine Gönnerin und spätere Patin seiner Kinder?

Als die Bildhauerin ihre Vorstellung erwachender Gefühle formen wollte, mochte sich das junge Modell im Atelier nicht ausziehen. Es schämte sich. Wegen eines – was der Volksmund Knutschfleck nennt.

UNTERM STRICH

Ludwig Rellstab: Bild des Vaterlandes

Napoleon rückte in Berlin ein. [1806] Da bot der Lustgarten plötzlich den scheu staunenden Bewohnern ein seltsames, aber schönes Schauspiel. Der herrliche Platz, den Niemand betreten durfte, flammte von Feuern, blitzte von Waffen; die alten Garden hatten, um den Kaiser, der im Schloß unserer Könige wohnte, zu bewachen, ihre Bivouacs [Lager im Freien] dort aufgeschlagen.

Die Reihen der Gewehrpyramiden – ein damals noch ganz neuer Anblick, da die preußische Armee diese Art die Gewehre aufzustellen, nicht kannte, schimmerte im Widerschein der röthlichen Lagerfeuer. Die schöngewachsenen, schwarzbärtigen, schwarzäugigen Besieger der Welt, gingen in ihrer stolzen Haltung und Uniform zwischen den Lagergassen auf und nieder. Besonders wurden die Sapeure angestaunt, mit ihren bis auf den Gürtel reichenden Bärten, Schurzfellen und spiegelhellen Aexten. Der Franzos, leicht und munter wie er ist, wußte den Schauer des düsteren Ernstes, mit dem ihn die dunklen Massen der Bürger umstanden, bald zu brechen. Er scherzte mit den Mädchen; wie grämlich auch die Väter, und wie bitter die Brüder dazu sahen, so will ich doch nicht behaupten, daß nicht manche Tochter Evas sehr freundlich dazu geschaut habe!

Der Fremde, der Soldat, vollends der Held, der unzählige kühne Abentheuer bestanden hat, welche der Ruf von Mund zu Mund im Volk noch weit vergrößerte, hat zu große Vortheile bei den Frauen für sich, um nicht trotz der antinationalen Empfindungen oft Sieger zu sein. Der weibliche Patriotismus ist eine schwache Festung gegen solche Erstürmer! Genug, die Sieger an den Pyramiden waren auch häufig Sieger am Lustgarten! Ein halbes Jahrhundert hat jetzt den Schleier der Vergessenheit darüber gebreitet; wir wollen ihn nicht weiter lüften! –

Etliche Tage, und das kriegerische Genrebild des Bivouacs war verschwunden! Jetzt war der Anblick ein trauriger! Genossene Lust, vorübergerauschte wilde Feste, sie lassen fast immer widerwärtige Spuren und Nachwehen zurück. Vollends die kriegerische Lust eines Bivouacs! Die Feuer sind erloschen, die graue, schmutzige Asche mit den halbverglimmten Kohlen bedeckt den Boden. Die Gruppen fröhlicher Krieger sind verschwunden, das zerknitterte Stroh ihrer Lagerstätten liegt unordentlich verstreut, der Wind treibt es umher, der Regen besprengt es mit Fäulniß. Der schöne Rasen des Platzes war zertreten, unter dem fahl-faulen Stroh, die widerwärtigsten Spuren thierischer und menschlicher Notwendigkeiten mischen auch die Farben des Ekels in das Bild wüster Zerstörung!

MIT LUISE

Mit Luise? Das kann nur die schöne Königin sein. Die auffallende Hohenzollernfrau. An sie erinnert manches. Die Birnensorte »Gute Luise« und die Luisenstadt, ein noch zu ihren Lebzeiten gegründeter Stadtteil. Man berührt ihn bei einem Spaziergang durch die Heinrich-Heine-Straße.

Luise im Lustgarten? Zweimal. Der Wagen mit der mecklenburgischen Prinzessin kam am 23. Dezember 1793 von Potsdam her durch die Leipziger Straße, bog dann in die Wilhelmstraße ein. Luise reiste an, um einen Friedrich Wilhelm zu heiraten, den preußischen Kronprinzen. Unter den Linden stand eine Ehrenpforte. Vierundfünfzig kleine Mädchen winkten und knicksten, eines sagte ein Gedicht auf. Daraufhin küßte die siebzehnjährige Braut die Kleine. Protest der Oberhofmeisterin. »Wie?« fragte Luise, »darf ich das nicht mehr tun?«

Anderntags wurde sie mit dem Kronprinzen getraut. Dort drüben im Dom, im Vorgänger des heutigen. Von Schinkels Museum existierte noch nicht einmal die Idee. Man konnte getrost im Lustgarten zweiundsiebzigmal Salut ballern.

An ihrem ersten Berliner Geburtstag bekam Luise vom Schwiegervater das Schloß Oranienburg geschenkt. Das waren noch Zeiten. Aber ihrem Mann gefiel das große Schloß nicht, er kaufte Paretz.

Schadow sollte ihren Kopf modellieren. Doch er schlug vor, Luise mit ihrer jüngeren Schwester Friederike als Doppelstatue abzuformen. Der Vorschlag gefiel. Luise war neunzehn, Friederike siebzehn, und der dreißigjährige Schadow durfte »nach der Natur Maß nehmen«, woran er sich noch im hohen Alter gern und lebhaft erinnerte.

Das Ergebnis gefiel dem Ehemann nicht. (»Zuviel Venus und zu wenig Madonna.«) Die Marmorgruppe blieb zunächst im Atelier, kam später im Schloß in eine dunkle Ecke und brauchte über hundert Jahre bis zum Licht der Öffentlichkeit. Ein paar Schritte von hier, in der Nationalgalerie zu sehen und im Schinkel-Museum in der Friedrichwerderschen Kirche. Es heißt, die Rückseite der Gruppe sei meisterhaft gestaltet. Luisens Kehrseite? Das sind die Legenden. (Zuviel Madonna.) Die frühe Verklärung zum patriotisch verwendbaren Geschöpf: Jung gestorben am gebrochenen Herzen über Preußens Niederlagen. Es waren eher Typhus und Tuberkulose, nicht zu vergessen zehn Geburten in siebzehn Ehejahren.

Im Januar 1809 schrieb die Königin ihr Tagebuch auf Luxusbriefpapier der Londoner Prägeanstalt Dobbs – wir wollen angesichts der jeweiligen Historiker solche wichtigen Kleinigkeiten nicht übersehen.

»Betrieb der vorbildlichen Ordnung und Sicherheit« steht am Schloß Hohenzieritz bei Neustrelitz – oder stand, falls es eine Art Wanderpokal ist, ich weiß das nicht. In Hohenzieritz, im Lustschloß ihres Vaters, starb Luise am 19. Juli 1810 und gelangte in langem Trauerzug (köstlich von Hermann Kant beschrieben) nach Berlin. Ein koloriertes Flugblatt zeigt ihren achtspännigen Paradeleichenwagen Unter den Linden. Am 30. Juli wurde der Sarg über den Lustgarten zum Dom getragen und zunächst in der Sakristei beigesetzt. Zum Jahresende war im Schloßpark Charlottenburg das Mausoleum fertig. Am 23. Dezember, genau siebzehn Jahre nach ihrem Berliner Einzug als

Siebzehnjährige, fand die Königin Luise dort ihre Ruhestätte.

An sie erinnert manches. Die Porzellantasse mit dem
Immortellenkranz: »10. März 1776/19. Julü 1810« und
die Hortensie, die ihre Lieblingsblume gewesen sein soll.
Schade, daß Luise kein Reiterdenkmal bekommen hat.

UNTERM STRICH

Vögelchen

27. Brief der »Briefe über die Galanterien in Berlin, auf einer Reise gesammelt von einem österreichischen Offizier«, 1782. Von wegen: Er hieß Johann Friedel, 1755 geboren und nur vierunddreißig Jahre alt geworden; kein Offizier, sondern Schauspieler und Schriftsteller, und was sich im Lustgarten tat, darüber wußte er:

Verstehen Sie mich. Ein Mädchen, das noch kein Renommée hat, oder ihr Renommée schon verloren hat – das heißt, um dogmatisch zu seyn, die noch nicht Hure war oder schon zu lange eine war –, muß sich erst bey alten Mütterchen, die hier den ehrlichen Namen der Gassenkupplerinnen führen, einmiethen.

Des Tags über spinnt es, näht, singt, geht spazieren, oder was es sonst auf ihre Faust vermag. Sobald der Abend anbricht, fliegen die Vögelchen aus ihren Käfigen und wandern in den Straßen der ganzen Stadt, in der Lindenallee, in dem Lustgarten, auf dem Schloßplatze, in dem Thiergarten – kurz, überall herum. Wenn Sie nicht dieses Gelichter aus dem steifen Blicke, mit dem es den Vorübergehenden in das Gesicht sieht, erkennten, Sie würden sie alle für Mädchen halten, die in Verrichtungen ihrer Herrschaften auf der Straße wären. Das Mädchen patroulliret so lange herum, bis es hocken bleibt. – Guten Abend, lieber Junge! – Dies ist die Losung! – Giebt nun der liebe Junge die Parole drauf, so ist der Handel für 2 oder 3 Groschen richtig.

Das sind ökonomisch gesinnte Kinderchen!

Diese Mädchen werden von ihren eleganteren Mitschwestern Gassenmädchen getauft. Sie würden erstaunen, wie zahlreich diese schmutzigen Affen herdenweis herumziehen. Es ist gar nichts Auffallendes mehr, wenn man über ein Halbdutzend Tiere mit doppeltem Rücken zur Sommerszeit im Grase wegstolpern muß.

MIT SCHOPENHAUER

Etwa dort drüben, wo Unter den Linden das Denkmal des
Freiherrn von Stein steht, war im alten Berlin die Nieder-
lagstraße. Ihr Name sollte nicht an Feldzüge erinnern, sondern an Außenhandelswege. In der Nummer 4 wohnte 1820
möbliert Dr. Arthur Schopenhauer.

Er lebte mißtrauisch. Hatte immer Angst, scheintot be-
erdigt zu werden, ließ aber nie einen Barbier an seine Kehle.
Nachts lag eine geladene Pistole neben Schopenhauers Bett.
Als ihn eines Tages lautes Schwatzen im Vorzimmer störte,
stürmte er hinaus und warf in seiner Wut eine Nachbarin
zu Boden. Das brachte ihr einen Körperschaden und ihm
mehrere Prozesse ein. Schließlich mußte er der Näherin
Marquet eine lebenslängliche Rente zahlen. Im Monat fünf
Taler. Das traf ihn besonders hart, denn zeitlebens ver-
zehrte Schopenhauer ein ererbtes Vermögen.

Seine Schriften sollte Brockhaus drucken und bekam
Briefe wie etwa: »Ich habe nicht des Honorars wegen geschrieben, wie die Unbedeutsamkeit desselben von selbst
beweist; sondern um ein lange durchdachtes und mühsam
ausgearbeitetes Werk, die Frucht vieler Jahre, ja eigentlich meines ganzen Lebens« – da war er dreißig – »durch
den Druck zur Aufbewahrung und Mitteilung zu bringen.
Woraus folgt, daß Sie nicht etwa mich anzusehen und zu
behandeln haben wie Ihre Konversations-Lexikon-Auto-
ren und ähnliche schlechte Skribler, mit denen ich gar
nichts gemein habe als den zufälligen Gebrauch von Tinte
und Feder.«

Nur, seine Erzeugnisse verkauften sich schlecht. Sein Werk

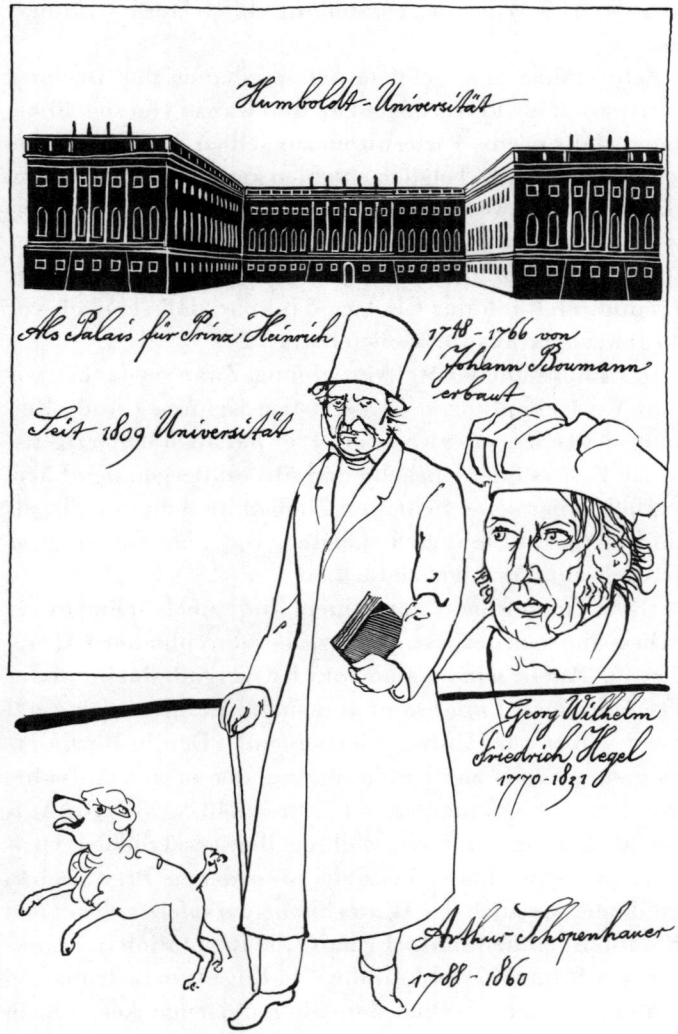

Humboldt-Universität

Als Palais für Prinz Heinrich 1748–1766 von Johann Boumann erbaut

Seit 1809 Universität

Georg Wilhelm Friedrich Hegel 1770–1831

Arthur Schopenhauer 1788–1860

»Die Welt als Wille und Vorstellung« blieb lange wirkungslos.

Zehn Jahre lang gehörte Schopenhauer der Berliner Universität als Privatdozent an und war so von sich überzeugt, daß er seine Vorlesungen zur selben Stunde ansetzte wie Kollege Hegel. Folglich erschien kaum jemand bei ihm. Das verzieh er weder den Philosophen noch Berlin. »Physisch und moralisch ein vermaledeites Nest«, schrieb er später, als er in Frankfurt am Main lebte, einem Berliner Freund. »Ich bin der Cholera dankbar, daß sie mich vor 23 Jahren daraus vertrieben hat.«

Der Philosoph der Weltverneinung. Zwar verdanken wir ihm Wortschöpfungen wie »geistige Genüsse« und »Zeitungsdeutsch«, was zweierlei ist; er hat auch beherzigenswerte Essays über Sprache und Stil und gegen den Lärm verfaßt, aber seine Schriften blieben im Schatten Hegels und unverkäuflich, zu Lebzeiten. Das mag ein weiterer Grund sein, Pessimist zu bleiben.

1860, einen Monat vor seinem Tode noch schmäht er: »Diese Journalisten lesen Nichts, aber durchblättern Alles.« Gewiß. Auch sein Testament. Er vergaß darin weder Freunde noch Pudel samt Haushälterin. Wen aber setzt einer wie er zum Universalerben ein? »Den in Berlin errichteten Fonds zur Unterstützung der in den Aufruhr- und Empörungskämpfen der Jahre 1848 & 1849 für Aufrechterhaltung und Herstellung der gesetzlichen Ordnung in Deutschland invalide gewordenen Preußischen Soldaten, wie auch der Hinterbliebenen solcher, die in den Kämpfen gefallen sind.« Er hatte die Revolution in Frankfurt am Main miterlebt, fühlte sein Eigentum bedroht und schickte seinen »großen doppelten Operngucker« einem Offizier, der aus einem Fenster »das Pack hinter der Barrikade« beobachten wollte.

Viel Geld vermachte Arthur Schopenhauer einer – wie es noch um die Jahrhundertwende diskret hieß – »dem Theater in Berlin angehörenden Dame, zu der er während der in Berlin verbrachten Jahre in zarten Beziehungen gestanden«.

Nanu? Der Mann, der Sätze veröffentlichte wie: »Das niedrig gewachsene, schmalschultrige, breithüftige und kurzbeinige Geschlecht das schöne nennen, konnte nur der vom Geschlechtstrieb umnebelte männliche Intellekt.« Er hat mancherorts, in Dresden und Venedig, diesen Nebel nicht gescheut, aber der in Berlin war wohl der angenehmste. Schopenhauer vermachte 5000 Taler an Caroline Richter aus der Kronenstraße 46, will sagen an Coa Medon vom Opernballett, an die er sich noch nach dreißig Jahren dankbar erinnerte. Von dieser Summe etwas ihrem Sohn zu vererben, das blieb Caroline allerdings untersagt. Jener kam zur Welt, als Schopenhauer dreizehn Monate verreist gewesen war.

UNTERM STRICH

10 Thaler Belohnung

Eine grünseidene Börse mit 23 bis 25 Thlr., bestehend in
1 Doppel-Frd, Papier- und Silbergeld ist am 2. im Lustgarten verloren gegangen. Der ehrliche Finder, der sel-
bige Stralaustr. Nr. 30 bei Hrn. Eich abgibt, erhält obige
Belohnung.

»Urwähler-Zeitung«, 3. Sept. 1852

MIT GEHEIMNIS

Aus dem Antiquariat einen vermutlichen Leckerbissen davongetragen, ins ungestörte Abseits der Lustgartenbank. Blättern. Der Anfang fehlt. Die »Geheimnisse von Berlin« beginnen mit Band 4, Kapitel 38 und den Worten:

»Zu derselben Stunde, in welcher die Kunstreiterin dem Fürsten die gewichtigen Mitteilungen machte, saß in einem Viktualienkeller an der Ecke Jerusalemerstraße und des Dönhoffsplatzes ein einzelner Mann. Er hatte sich eine kleine Flasche Weißbier geben lassen.«

Wer sich in der Leipziger Straße auskennt, findet die Ecke. Zwar sieht sie etwas anders aus als im Jahre 1844, als dieser Roman erschien, aber wer will, der findet Weißbier, findet anderes und liest sich ein. Es ist etwa so, als ob man in der x-ten Folge in eine Fernseh-Serie eintaucht.

Der Mann, der da im Kellerladen trinkt, heißt »Maulspitzer«. Es gibt noch mehrere so redende Namen in diesem Roman. »Aalauge« kommt, spricht mit »Sirupsnase« und dem »steifen Gottlieb«, die »Kellerjette« steht nicht weit, ebenso die »Schwefelholzmarie«. Nur der Verfasser nennt seinen Namen nicht, sondern schreibt: »Aus den Papieren eines Berliner Kriminal-Beamten«. Das klingt spannend. Das klingt verlockend. Das soll es auch. Ist etwa eines der Geheimnisse von Berlin, wie der Verfasser heißt?!

Dem müßte auf die Spur zu kommen sein, knapp 140 Jahre später.

Der Buchtitel verrät die absichtliche Anlehnung an einen Pariser Erfolgsroman. 1842 veröffentlichte Eugen Sue in Zeitungsfortsetzungen »Die Geheimnisse von Paris«. Ein

Buch, das zur Trivialliteratur zählt – also nicht zum Guten und Schönen und Notwendigen. Sieh mal einer an! Sue hat Marx beschäftigt, Hebbel und Dronke, und Engels zu der Bemerkung veranlaßt: »Die eindringliche Art, in der dieses Buch das Elend und die Demoralisierung darstellt, die in den großen Städten das Los der *unteren Stände* sind, mußte notwendig die Aufmerksamkeit der Öffentlichkeit auf die Lage der Armen im allgemeinen lenken.« Nichts anderes hat unser ungenannter Berliner Geheimnis-Autor im Sinn.

Nicht mehr die Könige sind die Romanhelden, sondern Arme und Verkommene, um ihre Existenz Kämpfende, Diebe und Gesindel. Kein Wunder, daß es in den folgenden Jahren außer den Geheimnissen von Berlin welche aus Petersburg, Leipzig und so weiter gibt. Nachahmungen. Auch unser Ungenannter bekennt sich schließlich am Ende von Band 6 zur Kopie seines Vorgängers. Weil er den dort veranschaulichten Gegensatz zwischen arm und reich in seinem Berlin erlebt.

*

Schnell wird er in der Staatsbibliothek entlarvt. In der im gleichen Jahr 1844 veröffentlichten englischen Ausgabe steht er als F. Thiele. Den werden wir suchen!

1842 gibt es laut »Wohnungsanzeiger« einen A. F. Thiele als Aktuarius beim Kriminalgericht. Ein Gerichtsschreiber. Kein Zweifel, er ist unser Mann, denn 1838 war er Protokollführer beim Stadtgericht, hat viel gehört und mitgeschrieben. Daher die Kenntnisse des Milieus oder, wie man heute sagt, der Szene. Seine Wohnung hat er häufig gewechselt. Wer weiß, warum. Gipsstraße, Waldemarstraße, Auguststraße. 1848 wohnt er in der Alexandrinenstraße,

dort bleibt er länger, wird Stadtgerichts-Sekretär. Im
Herbst, als die Konterrevolution unter Wrangel einmarschiert, ist er als Offizier der Bürgerwehr gegen die Ent-
waffnung und Auflösung der Bürgerwehr.

Kaum waren seine Geheimnisse von Berlin erschienen,
gab Thiele den »Publicist« heraus, unter seinem Namen,
eine »Zeitschrift zur Besprechung kriminalistischer und
administrativer Gegenstände, gesellschaftlicher und bür-
gerlicher Verhältnisse«. Ein langer Titel. Im ersten Halb-
jahr 1848 heißt das Blatt »Zeitschrift zur Besprechung
gerichtlicher und polizeilicher Gegenstände«. Ab Juli des
Revolutionsjahres kauft man den »Publicist« gern als
»Zeitschrift für Freiheit und Gesetz, für öffentliches Recht
und Gerichtsverfahren«. Auch Zeitungsnamen erzählen
Geschichte. Wie Stadtpläne. Wie Straßennamen. Es dauert nicht lange, da heißt das Blatt ohne die volksverwir-
renden Wörter »Freiheit« und »Gesetz«: »Eine Zeitschrift
für öffentliches Recht und Gerichtsverfahren und für soziale Interessen« ...

A. F. Thiele erscheint 1859 im Adreßbuch als Doktor der
Rechte, als Herausgeber und Redakteur des »Publicist«,
als Direktor der Vereins- und Verbrüderungskasse, was
immer das gewesen sein mag. Sieben Jahre später wohnt
er in der Kommandantenstraße, und der »Publicist« gehört
ihm. 1873 ist Thiele Verlagsbuchhändler, Buchdruckerei-
besitzer, Inhaber eines Theater-Geschäfts-Büros und immer noch Herausgeber und Redakteur des »Publicist«.

Ob er bei diesen vielen Gelegenheiten den Verein gründen konnte, den er 1844 in seinem Roman vorgeschlagen
hatte? Ihn störten in jungen Jahren Redensarten wie die
von der »Unsittlichkeit« des Proletariats. Was nützen Ver-
eine »zur Hebung der unteren Volksklassen«, fragt er und
schlägt einen Verein zur »Hebung der oberen Volksklas-

sen« vor, der dem »Hochmut, dem Stolz, dem Geiz, der Wollust den Krieg erkläre«, ein Tugendspiegel also, wie er nie funktionieren kann. Aber gut gemeint war es. Lieber vorbeugen als hinterher strafen. Thiele dachte, zunächst müsse der Staat ein Vorbild sein. Wie, bleibt ein Geheimnis von Berlin.

UNTERM STRICH

Der Reichsbote, 16. Juni 1888

Der Selbstmordversuch einer den höheren Ständen angehörenden Dame erregt großes Aufsehen. Die Frau sprang in verflossener Nacht in unmittelbarer Nähe der Friedrichsbrücke über die Brüstung des Kolonnadenganges beim Museum in die Spree. Passanten, welche den Vorgang mit angesehen hatten, alarmierten sofort einige in der Nähe vor Anker liegende Schiffer, und diesen gelang es denn auch, die noch in seichtem Wasser befindliche Lebensmüde, die mit seltener Beharrlichkeit dem tieferen Wasser entgegenarbeitete, zu erfassen und trotz ihrer energischen Gegenwehr aufs Trockene zu schaffen. Dort wurde die elegant gekleidete, von dem gehabten nassen Bade äußerst erschöpfte Dame einem Schutzmann des 14. Polizeireviers übergeben und dieser bewerkstelligte ihre Überführung in ein Krankenhaus.

MIT AMAZONE

Ein Panther hat die reitende Amazone angefallen. Sekundensache. Ihr Speer ist ihm sicher. Das Pferd aber ist verloren. Momentaufnahme vor dem Alten Museum.

Diese für das vormärzliche Berlin ungewöhnliche Gruppe war keine Auftragsarbeit. Der Bildhauer August Kiß modellierte sie 1839 aus eigenem Antrieb. Nicht die schlechtesten Werke entstehen auf diese Art. Das spricht nicht gegen Aufträge, die einen schöpferischen Menschen zwingen, sich mit Themen zu befassen, auf die er von allein nicht kommt.

Warum eine Amazone? Wilhelm Heinse, vorzüglicher Bildbeschreiber von 1777, soll uns belehren: »Die Amazonen haben kein träges Fleisch an sich, sondern sind abgehärtet, edel, voll Gewalt und Feuer. Sie reiten mit bloßem Hintern mit beiden Schenkeln auf dünnem Sattel.« Eine zeitgenössische Preußin konnte Kiß nicht so reiten lassen, im Herrensattel, und überhaupt. »Sie haben das Weibliche abgelegt, den Gehorsam gegen die Männer und so weiter ...« Und so weiter?

Kiß war Lehrer am Gewerbeinstitut und mit siebenunddreißig schon Mitglied der Akademie der Künste. Jahrelang hatte er sich das notwendige Geld abgespart, dann nahm er sich achtzehn Monate Zeit für die »Kämpfende Amazone«. Ende Februar 1839 zeigte er das Tonmodell acht Tage lang in seiner Werkstatt in der Klosterstraße. Man zahlte Eintritt nach Belieben; den Ertrag – immerhin 250 Taler – übergab der Künstler der Armen-Speisungsanstalt. Er hoffte auf größere Summen.

»Sollte dem Künstler das Glück zuteil werden«, schrieben die »Berlinischen Nachrichten«, »sein Werk in dem Material, wozu es bestimmt ist, in Bronze ausgeführt zu sehen, so würde unsere schöne, an vaterländischen historischen Kunstwerken so reiche Residenz nun auch im Felde der poetischen Darstellung ein Denkmal besitzen, das sich den größten der neueren Kunst-Erzeugnisse an die Seite stellen dürfte.«

Vierzigtausend Taler waren nötig für den Bronzeguß. Kiß hoffte, der König würde sein Werk kaufen und gießen lassen. Friedrich Wilhelm III. kam, sah und spottete. Den Narren möchte er sehen, der dazu Geld hergeben würde. (Aus ebendiesem Grunde soll er dann doch etwas gespendet haben.)

Kenner und Kollegen erschienen. Varnhagen von Ense: »Das Werk ist groß und kühn, ausdrucksvoll und gewaltig; das Furchtbare ist im besten Kunstsinn. Das Pferd ist verloren, aber der Mensch siegt.«

Einen Geistlichen aus der Nachbarschaft störten der starke Zudrang zur Werkstatt und die damit verbundene Bewunderung des heidnischen Gegenstands, soll heißen der nackten Brüste, Knie und Waden. Er predigte gegen diese Sittengefährdung und ließ das drucken, als »Amazonenpredigt« bekannt geworden und vergessen.

Natürlich ahnt jeder, wie die Einwände und Forderungen damals gelautet haben müssen. Aber die Formulierung wäre interessant, der Satzbau.

Resultat: Nach dieser Predigt sah sich der Kronprinz die Amazone an. Es bildete sich ein Verein Berliner Kunstfreunde und sammelte 17 000 Taler. Während das Gipsmodell entstand, steuerte der Kronprinz, mittlerweile Friedrich Wilhelm IV. geworden, den Rest bei. Dafür durfte er den Standort bestimmen. (Das Geld regiert.)

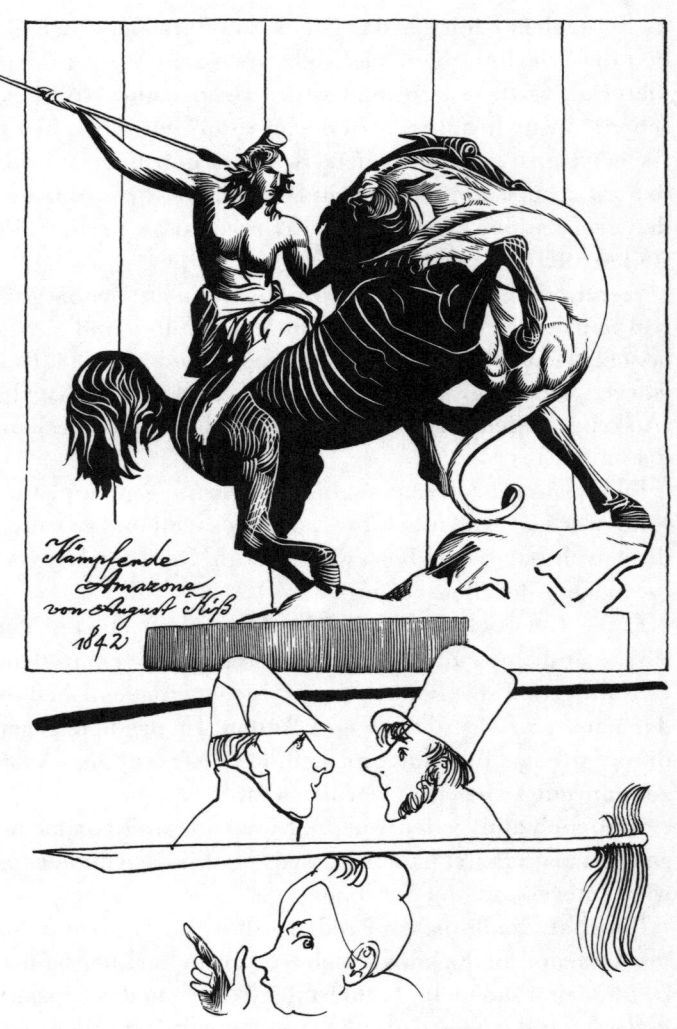

Kämpfende
Amazone
von August Kiß
1842

Zwar hatte Schinkel solche Vorreiterin für sein Museum weder vor- noch vorausgesehen, aber Schinkel war tot.

Wegen der Symmetrie, wegen der Gleichberechtigung bestellte man später bei Albert Wolff einen reitenden jungen Mann, der den Löwen gar nicht erst zum Sprung kommen läßt.

Als die Amazone 1843 vor dem Museum stand, ging Varnhagen hin und fand sie »nicht vorteilhaft« aufgestellt. Er hat nicht ganz unrecht, wenn er von einem Klumpen spricht, den man mühsam entwirren muß.

*

Man kann von der Bank unten zusehen: Da stellt sich manche, wenn sie den Schritt von der Treppe auf den Sockel wagt, für das Erinnerungsfoto unter den wehenden Pferdeschweif. Momentaufnahme vorm Alten Museum. Mit Hintergrund und Hintersinn. Der gezähmte Panther. Seine Amazone lächelt in die Kamera.

*

Der handkolorierte Kupferstich auf dem Titelbild des Heftchens zeigt die linke Seite der Treppe zum Alten Museum, dessen Eingang von einem Posten mit Bajonett bewacht wird. Auf den Stufen der Granitschale spielen Kinder. Ein Student hat den Arm um die Taille eines Kindermädchens gelegt. »Vor dem Museum« heißt die Episodenfolge aus dem Jahre 1860. Dialoge zum Lesen und Vorlesen. Etwas für den Hausgebrauch. Jeder hat den Kupferstich vor Augen und soll sich nun selber ein Bild machen.

Zum Beispiel, wenn eine Amme der anderen erzählt, wie sie sich ihre Herrschaft gefügig hält, indem sie den Säug-

ling so lange nicht stillt, bis sein Brüllen die Eltern beun-
ruhigt. Und abends, »da drinke ich heimlich eenen kleenn
Kümmel, der jeht jleich in de Milch, davon wird der Schrei-
hals janz bedrämelt und schlaft wie ne Ratze bis uff'n Morgen – natürlich ich ooch!«

Verfasser und Illustrator zugleich ist Julien Raymond de
Baux, ein Berliner Porträt- und Genremaler.

Nun erscheinen vor der Treppe des Museums mehrere
auswärtige Handwerksgesellen, geführt von einem Berliner Gesellen, der ihnen einen komischen Vortrag über den
Verlauf der Weltgeschichte hält. Da fragt ihn der Potsdamer: »Ich muß mir sehr wundern, wo du alle die Bildung
her hast, vorm Jahre warst du noch ein janz jesunder dum-
mer Kerl.« – Berliner: »Hm, Hm! Davor gehöre ich auch
zum Handwerkerverein, wo sie uns den Standpunkt klar
machen.«

Diese Stelle, über die heute leicht hinweggelesen wird,
hatte es damals in sich. Der Handwerkerverein war 1844
gegründet worden. Der Staat ließ ihn scharf überwachen,
denn er sollte nur zur Ausbildung von Fachkenntnissen und
zur Geselligkeit dienen. Die Verhältnisse machten ihn sehr
bald zu einer Interessengemeinschaft für ökonomische und
soziale Forderungen seiner über 2000 Mitglieder. Obwohl
der Handwerkerverein 1848/49 nicht immer auf der Seite
der Revolution gestanden hatte, wurde er 1850 verboten.
Erst 1859 neugegründet, sollte er sich streng auf die fach-
liche Weiterbildung beschränken. Aber wer konnte die
Meister, Gesellen und Arbeiter daran hindern, sich über
Politik zu unterhalten, zum Beispiel wenn auf der Straße
aus Anlaß der neuen Verfassung eine neue Sorte Berliner
Pfannkuchen auftauchte, »Konstitutions-Pfannkuchen«
genannt; ungefüllte, ohne Inhalt.

Da wundert sich 1860 der Geselle aus Potsdam, wie gebil-

det sein Berliner Kollege ist, der bis vor einem Jahre, als
es den Handwerkerverein noch nicht wieder gab, »janz
jesund und dumm« war. Vielleicht kommt dieser Geselle,
dem dumm und gesund eins sind, nicht zufällig aus jener
Stadt. Dort wohnt der König.

1860 konnten sich die Leser darüber amüsieren, denn
als er sagt: »... wo sie uns den Standpunkt klar machen«,
meint der »Berliner« die Mittwochvorträge, die gerade
1859/60 Themen aus Geschichte und Naturwissenschaft bis
zur atheistischen Aufklärung behandelten. Heute hat diese
Stelle weitere Akzente bekommen, denn es ist bekannt, daß
sich der Handwerkerverein in den nächsten Jahren zu einem Sammelpunkt für die 1869 gegründete Sozialdemokratische Arbeiterpartei entwickelte, als deren künftiges
Mitglied wir uns den »Berliner« 1860 gut vorstellen können.

»Da schlägt die Domuhr Zehn. Das Museum wird geöffnet. Große Scharen von Menschen drängen sich die Treppe
hinauf. – Berliner: ›Kinder, nu wollen wir ringeben, nu
sollt ihr Maul und Nase uffsperren!‹«

Warum ist das Grüppchen hergekommen?

Handwerksgesellen, die sich für Kunst interessieren?
Herangeführt – im buchstäblichen Sinne – von einem, der
seine Kollegen bilden möchte.

Langweilig macht er das nicht: »Im Vorbeigehen seht
euch die Amazone von Kiß an, die hier uff de Treppe steht.
Wenn ihr die große Zahl der Stufen zählt, so müßt ihr gestehen, daß sie ein von der Gegenwart ziemlich hoch ge-
stelltes Kunstwerk ist. [Es hat mit Schinkels Plänen nichts
zu tun.] Es ist hierin der schöne Gedanke ausgedrückt,
daß ein junges Mädchen, wenn sie mal kokett wird, selbst
einen Tiger in die Oogen zu stechen versucht.« Und dann
sagt er etwas Merkwürdiges. »– Nu, vorwärts, Kinder, – tre-

tet euch die Füße ab, damit ihr keene Schrammen in de
Politur von 'n Fußboden kratzt.« Er tut gerade so, als ob
es ihnen jemals gehören würde.

MIT BEDÜRFNISSEN

Die berühmte Granitschale hat schon Goethe zu einer Bemerkung aus Weimarer Ferne veranlaßt.

Es handelt sich um einen blank geschliffenen Findling
aus der weiteren Umgebung. Von Fürstenwalde auf einem
eigens gebauten Kahn nach Berlin geschwemmt. Das war
kostensparend und vaterländisch gedacht. Verzicht auf Importware.

Eine Riesenschale, fast sieben Meter im Durchmesser, die
mehrfach beschriebene und gemalte Sehenswürdigkeit mitten im Lustgarten, wo sie vor der Freitreppe des Alten Museums stand, bis sie die Aufmärsche der Nazipartei behin-
derte. (Eben bemerke ich beim Schreiben, daß in unserer
Sprache mehr steckt, als wir ihr zutrauen: -ärsche sagt sie
ganz von selber.)

So ist die Granitschale 1934, genau ein Jahrhundert nach
ihrer Einweihung, weggeräumt worden ins Abseits am
Spreeufer. Das hat sie vielleicht gerettet, wer weiß. Nach
dem Kriege zeigte sie bloß Einschußlöcher, aber auch Risse,
»die möglicherweise die gesamte Wandung durchdringen«,
wie ein Gutachten sagt. Die Risse sind vermutlich im Winter entstanden, wenn die mit Wasser gefüllte Schale unab-
gedeckt dem Frost ausgesetzt war. Zu ihrer Zeit, als sie
neu war, feierte man die (im Winter von einem Kupfer- oder
Holzhut geschützte) Schale als Weltwunder und bieder-
meierlichen Höhepunkt. Nirgendwo in der Welt gab es
eine ähnlich kolossale Schüssel anzusehen. Das war wohl
die Hauptsache. Es scheint, daß diese Stadt immer wieder
mit etwas Ähnlichem aufwarten und verblüffen möchte.

Staatsratsgebäude   erbaut 1962–64
vom Kollektiv R. Horn und   H. Bogatzky

Marx-Engels-Platz

Große Granitschale
1834
aus der Werkstatt des Steinmetzmeisters und späteren
königlichen Baurats Johann Gottlieb Christian Cantian

Davon bin nun auch ich angesteckt worden als Kind meiner Tage.

Als ich las, daß 1834 zur Einweihung der Granitschale 42 Personen zu einem Frühstück auf ihrem Rand gesessen haben, bekam ich Appetit. Selbstverständlich kann jemand mit belegten, mitgeführten Broten und einer Thermosflasche dort Platz nehmen, solange es der Polizei gefällt. Ein Festmahl aber wird erst daraus, wenn man dazu einladen könnte. Daher möchte ich in dieser Schale, die kaum zu etwas anderem taugt, mit 41 angenehmen Menschen an einem sonnigen Vormittag ein gewaltiges Frühstück veranstalten.

Es wird bei dem Wunsch bleiben?

*

Nachbemerkung für Mathematiklehrer, die Heimatkunde im Nebenfach unterrichten müssen.

Die Schale kostete 29 161 Taler. Ihr Fußgestell 8 743 Taler. Macht zusammen 37 904 Taler. Wie viele Kinderschuhe, warme Jacken, Mittagessen und Briketts hätte man 1833 dafür bekommen? Wieviel ist der Regierung heutzutage erspart geblieben, falls sie eine solche Schale benötigt hätte und anfertigen lassen? Sollte deshalb ein Gymnasium den Namen »Friedrich Wilhelm der Dritte« ertragen?

UNTERM STRICH

Der Springbrunnen

Als der Springbrunnen im Lustgarten zuerst nicht gehen wollte, standen auch zwei Schildkröten und warteten mit Ungeduld darauf, den großen Wasserstrahl zu sehen. »Du«, sagte der Eine, »ick möchte man wissen, warum der Springbrunnen nich jeht – weeßt Du't nich?« – »Et wird en Fehler in de Reperatur sind!« antwortete der Andere und machte eine gelehrte Miene.

Adolph Glaßbrenner, 1832

MIT LUFTBALLON

Vor zweihundert Jahren stieg in Frankreich der erste mit Heißluft gefüllte Ballon der Gebrüder Montgolfier auf, Montgolfiere genannt. Wenig später der von dem Physiker Charles erfundene Wasserstoffballon, die Charliére. Ein Mann in Berlin wollte es auch versuchen. Franz Carl Achard, seit kurzem Direktor der physikalischen Klasse der Akademie der Wissenschaften. Er rief dazu auf, Geld für einen Luftballon zu spenden; ersuchte auch den König Friedrich, den Reiter Unter den Linden, um eine Zugabe, wurde aber sehr ungnädig abgewiesen. So kam nur eine geringe Summe zusammen.

Dennoch ließ Achard einen Ballon bauen. Aus Goldschlägerhäutchen, der äußeren Blinddarmhaut von Ochsen; gefüllt »mit der entzündbaren Luft, die sich bei der Auflösung des Zinks in der Salzsäure entwickelt«, eine Charliere, einen Meter im Durchmesser.

Das Publikum strömte in den Lustgarten. Dort sollte Achards Ballon am 27. Dezember 1783 vormittags zwischen elf und zwölf in die Höhe steigen. Das tat er, als der Bindfaden durchgeschnitten wurde, und schwebte schnell zur Domkirche empor, wo ihn ein heftiger Wind in größere Höhen hob. Er nahm seinen Weg über die königliche Schloßapotheke, das wäre heute über den Palast der Republik, zur Königstraße in Richtung Rathaus »und war in acht Minuten den Blicken entschwunden«. So verfolgen heute Bodenstationen den Weg eines Satelliten rund um die Erde. Von frischem Westwind getrieben, flog der Ballon zwischen dem Frankfurter und dem Schlesischen Tor über Friedrichsfelde weiter. Und ward nie mehr gesehen.

Der nächste Berliner Ballon, den ein anderer baute, startete am 24. Januar 1784. Ein weltklug gewähltes Datum. Königsgeburtstag. Anderntags ließ die Loge Royal York ihren Ballon steigen. Aber das Publikum war bereits verwöhnt. Es wollte größere Kugeln sehen und mit Menschen, die vielleicht herunterfallen würden.

Schließlich finanzierte Achard einen großen Ballon durch Eintrittskarten vor, was nur Ärger machte. Als der Ballon am Vorabend gefüllt wurde, atmete der emsige Mann zuviel Gase und saure Dämpfe ein, so daß er Blut spie und beim Start nicht dabeisein konnte. Entmutigt durch Mißgeschick und Mißgunst stellte Achard seine Versuche ein und ging zu Zuckerrüben über. Falls jemand fragt, was aus ihm geworden ist: »F. C. Achard« hieß früher eine Zuckerraffinerie in Genthin.

UNTERM STRICH

Lustgarten-Betrüger 1847

Auf den Eisenbahnhöfen bei der Ankunft der Züge, vor
den Museen, namentlich an der Granitschale vor dem
neuen [heute Alten] Museum, auf den Märkten usw. stellen sie sich auf und wissen mit einer besonderen Geschick-
lichkeit einen Fremden, der eine Geldkatze, ein Ränzel
usw. trägt, oder bei welchem sie aus andern Gründen Geld
vermuten, an sich zu locken, sich ihm gefällig zu zeigen,
und zuletzt mit ihm in irgendeinem Keller zu verschwin-
den, mit dessen Wirt sie regelmäßig auf vertrautem Fuß
stehen ...

Zimmermann: »Die Diebe in Berlin«

UNTERM STRICH

Kümmelblättchen

So taucht unser Platz 1926 in einem Beitrag des damals berühmten Gerichts-Feuilletonisten Sling auf: Ein kleiner Gauner, der mit dem uralten Spiel mit drei Karten, Kümmelblättchen genannt, die Ahnungslosen ausnimmt.

Er sprach Leute im Lustgarten an, besonders gern solche, die mit erbaulichen Gefühlen aus dem Dom kamen. Sagte, er sei ein verarmter Gutsbesitzer aus Ostpreußen, zeigte ihnen Berlin, lud sie zum Glase Bier in ein Lokal der Stallschreiberstraße ein. Der Kellner wußte Bescheid. Nach einer Weile kam dann regelmäßig ein dritter Herr. Konversation. Der Dritte zog Karten hervor, machte mit dem verarmten Gutsbesitzer ein Spielchen. Am Ende bekam dann auch der Neuling Lust – aber das weiß man. Na, wenn man aus (ich denke mir) Treuenbrietzen kommt, weiß man es nicht. – Also der Angeklagte ergatterte 50 Mark und ließ den Gerupften im Stich. – Der Gerupfte blieb aber nicht auf die Dauer dumm. Er ging am nächsten Tag wieder nach dem Dom, fand seinen Bauernfänger, bereit, ein neues Opfer zu finden, ließ ihn verhaften.

MIT FUNKEN

Am 8. Mai 1942, es war ein Freitag, wurde im Lustgarten eine Ausstellung eröffnet, wie es sie noch nicht gegeben hatte. Der Platz war schon für mancherlei benutzt worden; im Vorjahr, zum 16. März – der als »Heldengedenktag« gefeierte Sonntag bot sich dafür an – war der »Wagen von Compiègne« angefahren worden. Auf einem Tieflader herbeigeschleppt der Salonwagen des französischen Marschalls Foch, in dem am 11. November 1918 in einem Wald bei Compiègne der deutschen Delegation die Waffenstillstandsbedingungen übergeben worden waren. Wahrscheinlich war es der nächstliegende und im Winter geeignete Platz, aber die Tatsache der unterzeichneten Niederlage in Verbindung mit einem Eisenbahnwagen schien eine besondere Schmach zu sein für viele Deutsche, darunter Hitler, der am 22. Juni 1940 am selben Ort die französische Delegation die Waffenstillstandsbedingungen unterzeichnen ließ. Wegen seines Schauwerts zu patriotischen Zwecken wurde der Salonwagen also nach Berlin gebracht, in den Lustgarten, wo schon 1870/71 und 1914, als man noch siegte, französische Beutewaffen dem Publikum angeboten worden waren.

Doch am 8. Mai 1942 handelte es sich um eine größere Ausstellung. Eine Zeltstadt im Umfang von 9000 Quadratmetern, dazu Beutegeschütze und ein Beutepanzer, quer über den Platz aufgebaut, vorm Dom. Ihr Name: »Das Sowjet-Paradies«.

Mit großem Publikumsaufwand, erschienen waren »Tausende von Männern und Frauen aus Berliner Betrieben«, eröffnet und intern als »Propagandaausstellung« bezeichnet, war sie als antisowjetische Demonstration gedacht und zeigte neben militärischen Objekten ein »Original-Kolchoshaus mit Stall und Wohnraum«. Man sollte, so der »Völkische Beobachter«, das tonangebende Blatt, dort als »Höllenspuk« erleben: »Die Fratze des Bolschewismus und das teuflische *Gesicht des Juden...*«

Der Krieg gegen die Sowjetunion war fast ein Jahr alt. Moskau war nicht erobert worden, Leningrad widerstand der Belagerung, die Siegeshoffnungen vom Herbst hatten sich nicht bestätigt. Da war solche Ausstellung notwendig. Die Reichspost gab einen Sonderstempel heraus. Allein in der ersten Woche kamen über 100 000 Besucher. Man war ja auch neugierig.

»Es ist kein alltäglicher Weg«, schrieb der »Völkische Beobachter«, »der durch diese Ausstellung führt. Aber jeder sollte ihn beschreiten. Er wird dann umso mehr den Schlußraum als einen Ehrenraum empfinden«. Dort stand eine überlebensgroße Plastik: »Hier marschiert der nimmermüde deutsche Infanterist.« Die Ausrede für fehlende Motorisierung und geringen Bodengewinn. Außerdem wurden die unwegsamen Schlammstraßen dortzulande geradezu als Beleidigung der vormarschgewohnten deutschen Blitzkrieger empfunden.

Wundert es, daß junge deutsche Kommunisten aus Protest dagegen etwas weithin Sichtbares setzen wollten? Eine antifaschistische Tat, mit der sie zugleich ihre Freundschaft zur schwerkämpfenden Sowjetunion vorzeigen wollten als ein Stück moralischer Unterstützung. Es gelang ihnen, am 18. Mai gegen 20 Uhr in der täglich bis 21 Uhr geöffneten Ausstellung an zwei Stellen einen Brand zu legen.

Bei der Verpuffung des einen der beiden Brandsätze, die sich innerhalb von Minuten entzündeten, wurden elf Personen leicht verletzt, benötigten aber keine sofortige ärztliche Hilfe. Ein Fernschreiben der Sicherheitspolizei nannte einen »mit Phosphor getränkten Wattebausch«, der »mittels einer Sicherheitsnadel an einem mit Stoff überzogenen Holzpfeiler« befestigt worden war. Über Nacht wurden alle Spuren beseitigt, die Schäden behoben. Etwa fünf Quadratmeter der Wandbespannung waren verbrannt.

So fehlten anderntags nur einige Exponate. Die »Nachtausgabe« meldete den 250 000. Besucher. Über den Anschlag wurde öffentlich nichts berichtet.

Margot Pikarski in ihrem Buch »Jugend im Berliner Widerstand«: »Obwohl die Nazis allen Zeitungen die Berichterstattung streng untersagten, sogar schon fertige Druckstöcke mit Meldungen über das Ereignis zerstören ließen, erreichte« die Nachricht von dem Brand die Berliner Bevölkerung.

Ein Fanal, gewiß. Mochte der angerichtete Schaden noch so gering gewesen sein.

Leider nimmt er, je länger es zurückliegt, in mancher Veröffentlichung zu. »BZ am Abend« vom 4. November 1980: »Ein großer Teil der Ausstellung ging in Flammen auf.«

Der Gipfel scheint erreicht in dem im Akademie Verlag erschienenen Buch »Berlin«, wo es im Abschnitt über den Lustgarten heißt: »... vernichteten Antifaschisten 1942 im Lustgarten eine Hetzausstellung der Nazis ...« Kein namentlich genannter Verfasser verantwortete diese Stelle. Das Buch hat die Akademie der Wissenschaften der DDR veröffentlicht. 1987, zum 750. Stadtjubiläum.

*

In einer Ecke des Lustgartens, nahe am Dom, erinnert ein Gedenkstein, auf dem häufig Blumen liegen, an die mutige

Tat, von der die Öffentlichkeit seinerzeit nur indirekt unterrichtet worden war. Ein blutigrotes Plakat, wie es alle paar Tage an den Berliner Litfaßsäulen klebte, verkündete am 18. August 1942: »Die am 16. Juli 1942 vom Volksgerichtshof wegen Vorbereitung zum Hochverrat und landesverräterischer Feindbegünstigung zum Tode verurteilten Werner Steinbrink 25 Jahre alt, Hans Mannaberg 29 Jahre alt, Heinz Israel Joachim 23 Jahre alt, Gerhard Israel Meyer 23 Jahre alt, Hildegard Jadamowitz 26 Jahre alt, Marianne Sara Baum 30 Jahre alt, Irene Walther 33 Jahre alt, Suzanne Wesse 28 Jahre alt, Sala Sara Kochmann 30 Jahre alt, Joachim Franke 33 Jahre alt, sämtlich aus Berlin, sind heute hingerichtet worden. Berlin, den 18. August 1942. Der Oberstaatsanwalt beim Volksgerichtshof.«

Die Zwangsvornamen »Israel« und »Sara« zeigen, daß unter den Verurteilten Juden waren, so auch Marianne Baum, die Frau des Leiters einer Widerstandsgruppe, Herbert Baum. Er hatte die Untersuchungshaft nicht überlebt und war schon am 11. Juni im Gefängnis in Berlin-Moabit ermordet worden. Der Dreißigjährige war der Kopf einer Widerstandsgruppe, in der sich junge Kommunisten und antifaschistische Jugendliche, vor allem jüdischer Herkunft, zusammengefunden hatten.

Bereits vier Tage nach dem Anschlag erfolgten die ersten Festnahmen. Am 27. Mai hatte die Gestapo schon zweiundzwanzig Personen verhaftet, davon waren sieben Juden. Sie hatte konkrete Hinweise erhalten. Wie und von wem, ist bis heute nicht restlos aufgeklärt; jedenfalls befanden sich unter diesen zuerst Verhafteten auch nicht zur Baum-Gruppe gehörende Personen einer anderen Vereinigung, die am Brandanschlag beteiligt war.

Darüber werden noch einige Bücher geschrieben werden müssen.

Gleichzeitig mit den erwähnten Verhaftungen nahm die Gestapo aus Rache am 27. Mai 1942 eine größere Anzahl Berliner Juden fest, wählte 154 aus, brachte sie in das Konzentrationslager Sachsenhausen und erschoß sie unmittelbar nach der Ankunft. Im Zusammenhang mit diesen Erschießungen entstand die Legende, der Ort sei die Lichterfelder Kaserne der SS-Leibstandarte gewesen. Die »New York Times« hatte es so am 14. Juni 1942 berichtet; die Mitteilung steht in anderen Quellen, auch ich habe sie in mein Buch »Meine liebste Mathilde« (1983) übernommen.

Angehörige der 154 in Sachsenhausen Erschossenen wurden in das Lager Theresienstadt deportiert. Weitere 250 Berliner jüdische Geiseln brachte man ebenfalls nach Sachsenhausen. Wer nicht dort ums Leben kam, wurde nach Auschwitz transportiert.

Das war die blutige Rache für diesen Brandanschlag, von dem vermutlich keiner der Betroffenen gehört hatte. Und die wenigsten, die den Stein im Lustgarten ansehen, werden davon wissen.

Der Gedenkstein für Herbert Baum auf dem Jüdischen Friedhof in Berlin-Weißensee gehört für mich zu den erschütterndsten Mahnmalen. Wegen seiner Rückseite. Wegen der auf alle Jahreszahlen verzichtenden Lebensdaten. Und da mehr Menschen am Lustgarten entlang gehen als über diesen Friedhof, sei die Tafel hier gezeigt (S. 100).

*

Eine der wenigen Überlebenden der Widerstandsgruppe Herbert Baum war Charlotte Holzer. »Eine kleine, schlichte, überaus zerbrechlich erscheinende altjunge Frau, lächelnd, herb, von Krankheit und Schmerz gezeichnet, unermüdlich

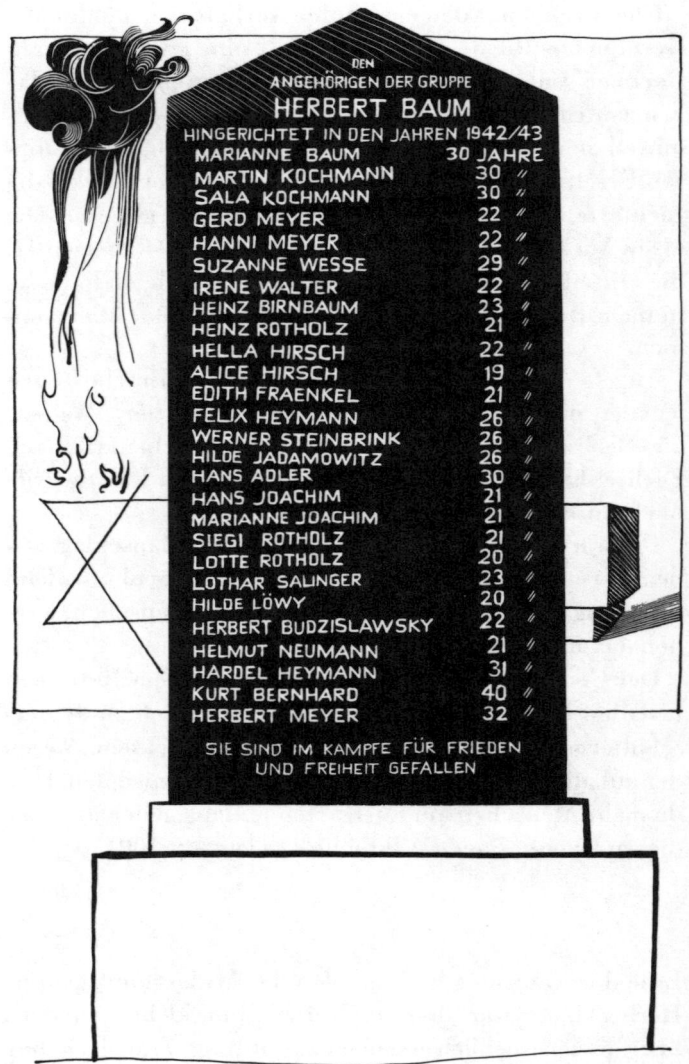

DEN
ANGEHÖRIGEN DER GRUPPE
HERBERT BAUM
HINGERICHTET IN DEN JAHREN 1942/43

MARIANNE BAUM	30 JAHRE
MARTIN KOCHMANN	30 "
SALA KOCHMANN	30 "
GERD MEYER	22 "
HANNI MEYER	22 "
SUZANNE WESSE	29 "
IRENE WALTER	22 "
HEINZ BIRNBAUM	23 "
HEINZ ROTHOLZ	21 "
HELLA HIRSCH	22 "
ALICE HIRSCH	19 "
EDITH FRAENKEL	21 "
FELIX HEYMANN	26 "
WERNER STEINBRINK	26 "
HILDE JADAMOWITZ	26 "
HANS ADLER	30 "
HANS JOACHIM	21 "
MARIANNE JOACHIM	21 "
SIEGI ROTHOLZ	21 "
LOTTE ROTHOLZ	20 "
LOTHAR SALINGER	23 "
HILDE LÖWY	20 "
HERBERT BUDZISLAWSKY	22 "
HELMUT NEUMANN	21 "
HARDEL HEYMANN	31 "
KURT BERNHARD	40 "
HERBERT MEYER	32 "

SIE SIND IM KAMPFE FÜR FRIEDEN
UND FREIHEIT GEFALLEN

ihre letzten Kräfte anstrengend, um eben besonders den Jungen und Jüngsten« von ihren Erfahrungen »so viel wie nur irgend möglich mahnend in Herz und Verstand zu senken« – so Peter Edel in seiner Gedenkrede. So habe ich Charlotte Holzer in ihrem letzten Lebensjahr kennengelernt.

1909 in Berlin geboren als Charlotte Abraham, Säuglings- und Krankenschwester im Jüdischen Krankenhaus, wo sie 1939 Herbert Baum als Patienten wiedertraf, »und von da an eine aktive, organisierte, in jeder Situation disziplinierte und zuverlässige Kämpferin«, wie Franz Krahl im Namen der Überlebenden der Herbert-Baum-Gruppe bei der Beerdigung sagte. Weit über hundert Menschen waren auf den Jüdischen Friedhof nach Weißensee gekommen, um von der 71jährigen Abschied zu nehmen. Und von vielem, das sie uns nun nicht mehr würde erzählen können.

1979, nach meiner ersten Lesung aus dem an diesem Tage erschienenen »Herr Moses in Berlin« hatte sie sich zu Wort gemeldet und erzählte später beiläufig, wie sie als Verurteilte aus einem Kellerfenster des Altenheims in der Großen Hamburger Straße die Zerstörung des Jüdischen Friedhofs beobachtet hatte, wie SS-Männer mit Totenschädeln Fußball spielten und dergleichen. Erzählte auch, wie sie jenes Buchenwaldkind des Apitz-Romanes »Nackt unter Wölfen« als Erwachsenen aus Israel zu einem Besuch in die DDR geholt hatte.

Sie war am 8. Oktober 1942 verhaftet worden. Zum Tode verurteilt, wurde sie – begünstigt durch glückliche Zufälle, wobei ihr diesmal nützte, daß sie Jüdin war – anderthalb Jahre lang durch verschiedene Gefängnisse geschleppt bis in das Jüdische Krankenhaus in der Exerzierstraße (heute Iranische Straße), in dem sie fünfzehn Jahre gearbeitet hatte und jeden Winkel kannte, jeden Keller, jeden

Ausgang. Kurz bevor sie nach Plötzensee, wo die Hinrichtungen stattfanden, übergeführt werden konnte, gelang ihr während eines Fliegerangriffs die Flucht. Die nächsten zehn Monate bis Kriegsende konnte sie illegal überleben.

Richard Holzer, ihrem späteren Mann, gelang als einzigem der Herbert-Baum-Gruppe die Flucht in seine Heimat, nach Ungarn, wo er zu den jüdischen Zwangsarbeiter-Bataillonen eingezogen wurde, an der Ostfront eingesetzt und nach Kriegsende aus sowjetischer Kriegsgefangenschaft nach Deutschland entlassen.

Charlotte Holzer, die in jungen Jahren Ärztin werden wollte, wozu ihr das Geld fehlte, und die als jüdisches Mädchen in keinem städtischen Krankenhaus als Krankenschwester hätte ausgebildet oder beschäftigt werden können, ganz zu schweigen von den Häusern anderer Konfessionen, fand Lebensinhalt im Dasein für andere. Als sie unter uns lebte, hat sie – um es wieder mit Peter Edel zu sagen – das »finstere Vergangene enthüllt und um der Zukunft willen nicht allein die Aschenberge gezeigt, sondern vor allem den Funken aus der Asche geholt«.

Die kleine, schnell erstickte, nie verlöschte Flamme im Lustgarten erhellte auch meinen Weg. Wir sprachen darüber in der Untergrundbahn nach einer Kulturbund-Veranstaltung. Und ich wollte wissen, wieso denn schon vier Tage nach dem Lustgarten-Brand die Gestapo so hätte zugreifen können ... Die kleine, ja zerbrechlich erscheinende altjunge Siebzigjährige – unsere unvollkommen ausgebildeten Sinnesorgane brauchen immer ein Foto, um sich vorstellen zu können, wie eine einst ausgesehen und gewirkt haben kann. Charlotte, Lotte, damals im Jüdischen Krankenhaus bekannt als »die hübscheste und munterste Schwester im ganzen Haus« – hat sie uns auch diese Zeit in ihren ungedruckten Erinnerungen hinterlassen? Ich fürchte, nicht. Es sind nicht nur der Kampf und die politische Arbeit, über die wir nachlesen möchten. Wie war das, als Charlotte Abraham ihre Tochter bekam und dann als Nachtschwester arbeitete, alleinstehende Mutter, und mit zweiundzwanzig Jahren der Kommunistischen Partei Deutschlands beitrat ... Bis zu ihren Worten auf ihrem Grabstein: »Jüdisch geboren, Kommunist geworden, dafür gelebt.«

UNTERM STRICH

Franz Hessel: Stadtrundfahrt 1929

Wir halten an der Lustgartenseite des Schlosses vor den
beiden Rossebändigern, die der russische Kaiser dem Preußenkönige in den vierziger Jahren geschenkt hat. Der Berliner Volkswitz nannte sie den gehemmten Fortschritt und
den beförderten Rückschritt.

Aus dieser Zeit stammen auch die einzelstehenden Säulen aus geschliffenem Granit an den Ecken der Terrasse,
auf denen goldne Adler horsten. Varnhagen, der als kriti-
scher Zeitgenosse beobachtete, fand diese Verzierung zu
elegant für das mächtige, schwerfällige, düstre Gebäude
und diese Sucht, zu schmücken, sehr geschmacklos. »Die
Leute«, schreibt er, »stehen davor und machen ihre Bemerkungen darüber, sie finden die Sache unnötig, man vergleicht sie mit den Achselklappen der königlichen Lakaien,
die waren dem König auch zu einfach, es mußte eine Krone
hinein.« Den einen goldnen Adler an der Ecke nannten die
bösmäuligen Berliner den »größten Eckensteher« – an-
spielend auf die vielbewitzelten, etwas faulen und versof-
fenen Vorläufer des Berliner Dienstmanns. Und sie mein-
ten: Nun weiß man doch, wie das Hotel heißt, das Schild
sagt's: »Zum goldenen Adler.« Zu dieser Zeit kurz nach
den Revolutionstagen 1848 waren immer noch viele Auf-
läufe von Arbeitergruppen und Studenten und Lehrburschen unter den Linden und vorm Schloß, da ließ ein Hof-
marschall Eisengitter an die Schloßportale befestigen.
Die Bürgerwehr konnte nicht verhindern, daß ein großes
Gitter von den Arbeitern ausgerissen und an der Kurfürstenbrücke in die Spree geworfen wurde, ein andres, klei-

neres schleppten die Studenten auf die Universität. Später ließ man alles ruhig geschehen und sah die Gitter als
Denkmal des 18. März an, das Schloß, sagte man, sei dadurch zum Käfig geworden, der König bemitleidenswert,
und es sei ein Schildbürgerstreich von ihm, Gitter nach
der Gefahr zu machen. Die Adler gibt es noch, die Gitter
sind gefallen. Das Schloß ist von der Lustgartenseite gesehen schöner, ehrwürdiger und historischer denn je.

Die weite Fläche des Platzes hat auch schon etwas insel-
haft Ruhevolles. Von der langen Schloßfront mit den breiten Portalen ist – hoffentlich auf recht lange Zeit – keiner-
lei Gegenwart vorauszusehen. Die einzige Unruhe an dieser
gelassenen Stätte ist der Dom mit seinen vielen Hochre-
naissanceeinzelheiten, Nischen, Hallen, Kuppelaufsätzen.
Er macht sich da breit, wo noch bis in die neunziger Jahre
ein kleinerer aus Friedrichs Tagen stand. Er bedeckt eine
Fläche von 6270 qm, während der Kölner Dom es nur bis
zu 6160 qm gebracht hat. Es ist höchst überflüssig, hin-
einzugehen, denn auch innen verletzt dieses Riesengefüge
aus eitel Quantität, Material und schlecht angewandter
Gelehrsamkeit jedes religiöse und menschliche Gefühl. Die
Akustik soll übrigens ausgezeichnet sein, und um sie zu
verstärken, hängen eigens noch Bindfäden von der Innen-
kuppel des Mittelbaues. Mit Recht verkündet ein marmor-
ner Engel »Er ist nicht hier, Er ist auferstanden«. Wahr-
haftig, hier ist Er sicher nicht. Schade um ein paar schöne
Sarkophage, mit denen die Namen Peter Vischers und
Schlüters verbunden sind. Vielleicht kommt noch einmal
eine Zeit, in der man dieses Gebäude und manches andre
so kurz entschlossen abreißt, wie man es jetzt mit häßlich
gewordenen störenden Privathäusern tut. Dann wird diese
Stätte ganz der Vergangenheit und Ruhe gewidmet sein. Be-
lebt wird sie auch jetzt immer wieder nur, wenn Volksver-

sammlungen sich ihrer bemächtigen, und dafür ist sie sehr geeignet, seit der Lustgarten nichts als ein großer Sandplatz ist. Sein Name erinnert noch an eine ganz andre Zeit, die der Parkkunst, der Grotten und Grottierer. In des Großen Kurfürsten und seines Sohnes Tagen waren hier ein Kolossalneptun mit Grotten und Wasserstürzen zu sehen, Vexierspringbrunnen und die Riesenmuscheln an Meinhards Lusthaus. Da hatten die »Grottenmeister, Sprützenmacher und Stukkateure« reichlich Arbeit wie später wieder unterm Großen Friedrich, dem sie in Sanssouci eine Neptunsgrotte, im Neuen Palais einen Muschelsaal bauten. Auf der Remusinsel zu Rheinsberg schufen sie das chinesische Haus. Und später hat dann noch der Erbauer des schlichten Landschlößchens zu Paretz in einem Parkwinkel als eine Art Relikt aus der Rokokozeit ein muschelbuntes japanisches Tempelchen errichtet. Die letzten Nachklänge dieser Grottenkunst aber sind mitten in der Großstadt die schaurigen Tropfsteingebilde an den Aufgängen zu veralteten Nachtlokalen und an den Bühnenrahmen verstaubter Tingeltangel. Den nüchtern verständigen Friedrich Wilhelm I. verdrossen die Blumenparterres und Lusthäuser dieses Paradieses seiner Vorfahren. »Alfanzereien« nannte er das und machte aus dem Pomeranzenhaus eine Tapetenfabrik mit einer Art Börse im oberen Stockwerk und aus den Blumenparterres einen Exerzierplatz für seine Grenadiere. Seit hier nun nicht mehr exerziert wird, kann das freie Volk seine Versammlungen abhalten. Da kann man mit Fahnen und Fähnchen zum Beispiel die Kommunisten demonstrieren und lagern sehen. Rote Pfingsten: Sie sind weither gekommen aus allen Teilen Deutschlands, Textilproleten aus dem Erzgebirge, Kumpel aus den Zechen in Hamm und in der Kanonenstadt Essen, die eine Hochburg der Rotfront geworden sind, dazu rote Marine von der Waterkant. Aber auch das fernere Europa und die weite Welt senden ihre Vertreter; die Schutzwehr der Schweizer Arbeiterschaft, die tschechische Arbeiterwehr rückt an mit Fahnen und Plakaten, und ehrfürchtig wird die Sowjetstandarte begrüßt. In langen Zügen sind sie hermarschiert von den Enden der Stadt, seltsame Musikinstrumente wandern ihnen voran, Trompeten mit mehreren Schlünden, Jazztuben, Negertrommeln. Diese Kämpfer sind uniformiert, wie auch die es waren, die sie kämpfend ablösen wollen. Kriegerisch gegurtet sind die grauen Blusen und braunen Kittel. Und wie einst von den Tressen der Chargierten wird jetzt das Wanderbild des Zuges skandiert von den roten Armbinden der festleitenden Flügelmänner. Sogar die Kinder haben ihre Uniform …

Eine unabsehbare Menge erfüllte in Einzelgruppen und Zügen von der Schloßbrücke bis zur Kaiser Wilhelmsbrücke den ganzen Lustgarten und die Schloßfreiheit. Die Schloßfront entlang liefen an den Gittern rote Plakatbänder, hinter denen sowohl die Bronzestandbilder der niederländischen Fürsten und des Admirals Coligny wie auch die der beiden liberalen Rossebändiger fast verschwanden, abgetan von den flammenden Buchstabenbändern. Auf der obersten Stufe der Domtreppe stand ein Redner, dessen verbündigende Schlußworte die Menge unten wiederholte wie die Gläubigen in der Litanei des Priesters Worte. Rings auf dem Anstieg zum Denkmal Friedrich Wilhelms des Gerechten, der seinen Luftritt beklommen fortsetzte, und um die Granitschale herum und auf der Museumstreppe unter der Amazone, die den Tiger abwehrt, und unter dem Löwenkämpfer lagerten die Massen und sahen hinunter auf die vielen hin und her wandernden Züge mit ihren Fahnen, Plakaten und Karikaturpuppen, die den Genfer Völ-

kerbund verhöhnten, und hinüber zu der Meetingsbevöl-
kerung des Kaiser Wilhelms- und Nationaldenkmals an der
Schloßfreiheit.

Den Dom, von dem ich wegschaue, so gut es geht, erspart
uns der Rundfahrtführer nicht, er läßt eine schrecklich
lange halbe Minute vor ihm halten und nennt ihn »sehr hübsch, besonders innen«. Aber mir zum Trost ist hier dicht
vor uns an der Bordschwelle ein holdes kleines Gefährt
gelandet. Auf roten Kinderwagenrädern bauen sich zwei
Etagen auf mit Glasscheiben, drinnen stehen blinkende
Nickelmaschinen mit Tellerchen und Löffelchen. Ein Eis-
verkauf: eine niedliche Zwergenwirtschaft, durchschim-
mernd wie Schneewittchens Sarg.

MIT MÄRZGEDANKEN

Auf der Burg Hohenzollern in Baden-Württemberg, Familiendenkmal und Geschichtsmuseum in einem, kommt man beim Rundgang an vielen Kostbarkeiten vorbei; an Reliquien wie der handgestickten Courschleppe der Königin Luise, mit der sie 1807 Napoleon gegenübertrat. Da sind Ordensbänder, Bildnisse, Krückstöcke und Taschenuhren zu sehen. Und eine Lebenssäule. Die hat man eines schönen Jubiläumstages dem Kaiser Wilhelm I. geschenkt. Eine transportable Säule, Silber, geschmückt mit rund 120 Daten und Ereignissen aus seinem Leben, das lang währte, von 1797 bis 1888. Die Gravuren sind als Girlande um den Zylinder gewunden. Ein schöner Einfall. Man möchte wissen, wer darauf gekommen ist, müßte dies und jenes notieren, aber das Mädchen, das mir Kaiser, Könige und Kurfürsten erklärt, drängt. Es ist ja ohnehin ein Glück für unsereinen, zwischen zwei Reisegruppen geraten, als einzelner geführt zu werden. Aber eine Notiz muß sie noch gestatten.

»1848, 19. März: Reise nach London

2. April: Besuch des Gottesdienstes in der Savoykirche in London«

Das ist alles. Das ist alles?

Nun erwartet schließlich niemand, an einem Jubeltag an dunkle Stellen in seinem Lebenslauf erinnert zu werden; da bleibt das Skelett im Familienschrank.

Ich möchte meist gern etwas mehr wissen, als im Geschichtsbuch steht. Und wenn dort das angeblich Wichtige mitgeteilt wird, frage ich gern: Aber *wo* war es? Und *wie* trug es sich genau zu? Denn nicht nur der Teufel steckt im Detail, sondern die eigentliche Geschichte.

Die März-»Reise nach London« war kein Spaziergang vor Ostern. Wie kam es dazu?

Märzrevolution. Seit Anfang des Monats hatte die Berliner Bevölkerung in Versammlungen und Bittschriften gefordert: Redefreiheit. Pressefreiheit. Amnestie für alle politischen Gefangenen. Freies Versammlungsrecht. Freies Vereinigungsrecht. Verminderung des stehenden Heeres und allgemeine Volksbewaffnung, eine allgemeine deutsche Volksvertretung und die Einberufung des Vereinigten preußischen Landtages. Unerhörte, un-erhörte Forderungen.

Seit dem 13. März war es zu Zwischenfällen gekommen. Volk contra Militär, Militär contra Volk. Wer kann sagen, wie etwas anfängt? Verletzte. Tote. Am nächsten Sonnabend, es ist der 18. März, demonstrieren an die 10 000 vor dem Schloß. Einige Reformen werden zugestanden; da läßt der König den Schloßplatz säubern. Durch Militär zu Fuß und zu Pferd (wir haben dergleichen oft genug im Fernsehen betrachten müssen). Zwei Schüsse fallen. Ein Toter. In wenigen Stunden gibt es über 150 Barrikaden in der Stadt. Man kämpft.

Am Sonntag, am 19. März, ordnet der König früh an, daß die Angriffe eingestellt werden; die Truppen sollen die Stadt verlassen. Es kommt zu der berühmten Szene, von der wir Augenzeugenberichte haben. Adolf Streckfuß:

»Die auf dem Schloßplatz versammelte Volksmenge vergrößerte sich unaufhörlich, nachdem der König sich zurückgezogen hatte; auch die Schloßhöfe waren bald gefüllt, man erwartete hier die Züge von Verwundeten und Leichen, welche ankamen. Die ersteren wurden in die Säle des Schlosses getragen, dort hatte man Fürsorge für ihre Aufnahme und Pflege getroffen.

Ein wildes wirres Durcheinander herrschte auf den Höfen, auf dem Schloßplatz und Lustgarten ...

Die Gefahr, daß es zu stürmischen, ja blutigen Auftritten kommen könne, schien trotzdem groß, denn die Aufregung der Menge steigerte sich bei jedem neuen Leichenzuge, bei jedem Transport von Verwundeten, der eintraf ...

Immer bedrohlicher wurde die Aufregung der sich fortdauernd vergrößernden Menge; man hörte den lauten Ruf nach Volksbewaffnung. Als im Lustgarten der Polizeipräsident von Minutoli erschien, wurde er von vielen Bürgern umringt und aufgefordert, sofort dem Könige Mitteilung zu machen, daß die Bürger bewaffnet zu werden wünschten, er selbst solle sich an die Spitze der neu zu errichtenden Volkswehr stellen ...

Ein neuer Leichenzug langte vor dem Schlosse an, er war grauenhafter als einer der früheren. Vier Leichen, die mit grünen Zweigen geschmückt, deren Bahren mit Blumen belegt waren, wurden in das Schloß getragen. Man hatte ihre Wunden entblößt. Vor dem Schloßportal unter dem Balkon des Königs hielten die Träger. In wilder Wut rief die versammelte Menge, der König solle erscheinen. Die Grafen Arnim und Schwerin traten auf den Balkon, sie versuchten es vergeblich, durch versöhnende Worte das Volk zu beschwichtigen. Immer lauter, immer wilder ertönte der Schrei: Der König! Die Minister vermochten durch den tosenden Lärm nicht mit ihrer Stimme zu dringen.

Die Aufregung wuchs, sie erschien so gefährlich, daß endlich der König sich bewegen ließ, auf den Balkon zu treten. Am Arme führte er die Königin. Als er hinaustrat und die blutigen entstellten Leichen sah, zeigte er sich schmerz-

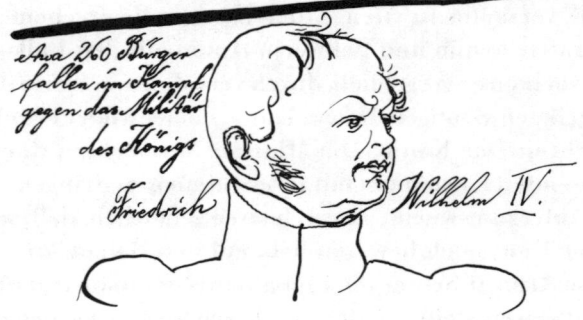

Barrikaden in Berlin

März 1848

Ewa 260 Bürger
fallen im Kampf
gegen das Militär
des Königs

Friedrich   Wilhelm IV.

lich bewegt, die Königin bebte erschreckt vor dem entsetzlichen Anblick zurück.

Der Ruf: ›Hut ab!‹ erschallte. Der König zuckte beleidigt zusammen, aber er zollte den Toten seine Achtung, indem er das Haupt entblößte. Er wollte zum Volke sprechen; der Lärm war so groß, daß er sich vergeblich bemühte, zum Worte zu kommen. Grüßend trat er zurück, tief erschüttert, tief erschöpft; die Leichen wurden fortgetragen, das Volk aber stimmte den Choral: Jesus, meine Zuversicht an.

Die erschütternde Szene hat wohl auf alle, welche Zeugen derselben waren, einen tiefen unauslöschlichen Eindruck gemacht. Sie war der Gipfelpunkt der Revolution; das aber sahen damals nur wenige klar und scharf blikkende Politiker ein. Zu diesen Wenigen gehörte ein bewährter Kämpfer für die Freiheit, der Schriftsteller Stein. Ich begegnete ihm eine halbe Stunde später unter den Linden. Von Aufregung glühend rief ich ihm zu: ›Wissen Sie schon? die Volksbewaffnung ist gewährt, die Revolution ist beendet!‹ Er entgegnete ernst: ›Wir haben keine Revolution, nur einen blutigen Volksskandal gehabt.‹ ›Keine Revolution?‹ fragte ich im höchsten Grade erstaunt, sogar entrüstet. ›Nein, nur eine Emeute [Aufstand, Aufruhr]. Ein Volk, welches ein paar Stunden nach dem Kampfe ›Jesus meine Zuversicht‹ singt, macht keine Revolution.‹ Mit diesen Worten verließ er mich. Ich habe erst viele Monate später erkannt, daß er recht hatte.«

Karl August Varnhagen von Ense notiert eine »sehr zuverlässige Mitteilung vom Hofe«, die besagt, daß in jener Nacht vom 18. zum 19. März ein angesehener Mann den König um Feuereinstellung bat. »Der König lag auf den Arm gestützt und schwieg. Da trat der Prinz von Preußen heran und rief: ›Nein, das soll *nicht* geschehen, nimmermehr! Eher soll Berlin mit allen seinen Einwohnern zugrunde

113

gehen.‹« Das erklärte in ähnlicher Weise jener Hitler in seinem Bunker; das ganze Volk einbeziehend.

Der Prinz von Preußen: »Wir müssen die Aufrührer mit Kartätschen zusammenschießen.«

Diesen Ausspruch haben mehrere gehört. Daher sein Beiname: Kartätschenprinz.

Kartätschen? Seltsames Wort für einen Geschoßhagel. Der englische Artillerieoberst Shrapnel erfand um 1800 eine Granate mit doppeltem Boden, Flintenkugeln und einer besonders starken Sprengladung zwischen beiden; das fliegt nach allen Seiten zwischen Infanterie, Kavallerie und Volksmassen.

Varnhagen am 20. März: »Die allgemeine Überzeugung ist, daß der Prinz von Preußen und die aristokratischen Offiziere den Augenblick günstig fanden, ihre Wut zu kühlen und das ›Gesindel‹ zu Boden zu schmettern. Ein Ausruf des erschöpften Königs: ›Ach, ich kann nicht mehr! Schafft mir Ruhe, schafft mir die Leute weg!‹ – gar kein militärischer Befehl –, diente zum Vorwand; der Prinz gab den Befehl einzuschreiten und fügte leise hinzu: ›Und nur tüchtig, blindlings und schonungslos!‹ ... Daher ein furchtbarer Haß gegen den Prinzen und seinen ganzen militär-aristokratischen Anhang.«

Assessor Schramm, später Präsident des Demokratischen Klubs, am 20. März in der »Zeitungshalle«:

»Diese Elenden waren die Höflinge und reaktionären Offiziere. Sie traf der Haß des Volkes und damit auch ihren Gönner, den Prinzen von Preußen. Seine Gegenwart erschien als eine Gefahr für die junge Freiheit, ja selbst für den nur durch sie gesicherten Thron. Er entschloß sich daher auf Wunsch des Königs zu der an Zwischenfällen reichen Flucht, die ihn über Spandau und die Pfaueninsel an den Hof der jungen Königin Viktoria von England führte –

zu einer Flucht, die auf sein Verlangen nachträglich den
Schein einer diplomatischen Mission erhielt.«

Bei »Prinz« denkt man gern an »Dornröschen« und
»Schwanensee«, dieser Prinz Wilhelm aber war bereits
einundfünfzig Jahre alt, und sein Bruder, der König, nur
zwei Jahre älter.

Andere Details. Gerd Heinrich in der »Geschichte Preußens«: »Das blutrünstige Verhalten des Prinzen von Preußen: (›Grenadiere, warum habt ihr die Hunde nicht auf
der Stelle niedergemacht‹), seine, am idealen Altpreußen-
tum gemessen, unpreußischen Affekte ließen die rasche
Entfernung aus Berlin als unumgänglich erscheinen. Nach
dem ungenauen Befehl des Königs, die Truppen aus den
Kampfgebieten herauszuziehen, hat er diesen angeschrien:
›Bisher hab’ ich wohl gewußt, daß du ein Schwätzer bist,
aber nicht, daß du eine Memme bist! Dir kann man mit Ehren nicht mehr dienen.‹ Er soll seinem Bruder den Degen
vor die Füße geworfen haben. Dieser habe in Tränen der
Wut geantwortet: ›Das ist zu arg! Du kannst nicht hier bleiben, du mußt fort!‹ Und: ›Ich bin verraten, aber nicht feig,
verraten von meinen Ministern und verraten auch von
dir, der du dich jetzt so erfrechst, daß ich dich sollte verhaften lassen und vor ein Kriegsgericht stellen!‹«

Das ist der Originalton im Innern des Schlosses. Wir erfahren so selten, wie’s drinnen aussieht.

Wie es damals um die Stadt, um das Königreich und um
die republikanischen Chancen stand, erkennt einer an der
Tatsache, daß damals auch die Königskrone und der Kron-
schatz nach England gebracht wurden, zur Verwandtschaft.

Varnhagen am 21. März: »Der Prinz von Preußen ist nach
England abgereist.« Aber wie?

Major August von Oelrichs, Offizier im Stabe des Prinzen, brachte nachmittags die Kinder in Sicherheit. Die

zehnjährige Prinzessin Luise und den Kronprinzen Friedrich, der damals siebzehn Jahre zählte und 1888 nur neunundneunzig Tage als deutscher Kaiser regieren wird.

v. Oelrichs: »Wir fanden zwischen dem Dom und dem Schloß eine alte Kutsche des Prinzen, ohne Wappen und sonstigen Schmuck, mit einem einfachen Gespann und einem Kutscher ohne Livree, die dort für alle Fälle aufgestellt war.« Durch einen »kleinen, dem Lustgarten gelegenen Ausgang« erreichen sie den Wagen und fahren unerkannt und unbehelligt in ruhigem Trab die Linden entlang zum Brandenburger Tor, und von dort in seine Wohnung in der Potsdamer Straße.

Der Prinz von Preußen und seine Gemahlin sollten ebenfalls dorthin kommen. Das mißlingt, weil die begleitende Hofdame die Hausnummer des Majors vergessen hat, also fahren sie zu einem befreundeten Geheimrat nahebei. Dort wird in aller Eile »eine Art Zivilkostüm für den Prinzen hergestellt, das toll genug ausgesehen haben muß, da der Prinz doch groß war« und der Gastgeber nicht. Etwas beengt kutschiert der Prinz allein weiter nach Spandau, geht in ein Hotel, läßt sich von einem Oberst in die Zitadelle bringen, die »für alle Zivilisten unzugänglich war«; dort bleibt er, wie der Staatsschatz gut bewacht, bis zum 21. März. Dann kam ein »als Bauernjunge verkleideter« Offizier mit einem »gewöhnlichen, mit Strohgesäß versehenen Bauernwagen nach der Zitadelle und fuhr den Prinzen an die Havel bei Pichelsdorf, von wo ihn zwei als Fischer verkleidete Offiziere in einem Nachen zur Pfaueninsel ruderten«. Falls das verfilmt wird, sollte man es à la Chaplin versuchen, anders nicht. Denn sie wären sofort und gern mit ihm (Wilhelm) an der Spitze in Berlin einmarschiert, alles niedermachend.

Der weitere Weg über Perleberg bis nach Hamburg ist

voller lächerlicher Abenteuer. Der Prinz, man denke, muß sich sogar den gepflegten Schnurrbart abrasieren.

Er hat noch ein anderes Problem. Er hat kein Geld. Gewohnt, sich weder Fahrkarten noch anderes Alltägliche kaufen zu müssen, kommt er als Normalbürger in Schwierigkeiten. Da erscheint als Retter in der Not – man müßte die Querverbindungen erfahren – der Bankier Moritz Cohn aus Anhalt und stellt die nötigen Gelder für die Fahrt durch Hamburg nach London zur Verfügung. Legte »damit allerdings auch den Grundstein für seine eigene Karriere, die ihm den Titel Hofbankier und Baron einbrachte«. So Eugen Wolbe in seiner »Geschichte der Juden in Berlin«, die ergänzt werden muß durch den Nachtrag, daß Kaiser Wilhelm II. beim Regierungsantritt 1888 diese Bankverbindung sofort kündigte und fortan einen Bankier v. Krause zum Hofbankier ernannte.

Noch einmal zurück zum 19. März 1848. Abends gegen 20 Uhr. Der Prinz von Preußen und seine Frau haben den königlichen Befehl zur Dienstreise nach England bekommen. Draußen ist revolutionäre Stimmung. Major v. Oelrichs: »Es kam vor allem darauf an, sicher aus dem Berliner Schloß herauszukommen. Der Prinz ließ sich daher den Mantel und die Mütze eines Schloßdieners, die Prinzessin den Hut und den Mantel einer Kammerfrau geben, und nun gingen beide geführt« – wir wollen dieses letzte Wörtchen nicht überlesen – »mitten durch die wogenden Volkshaufen unerkannt nach dem Palais, das sie von der Behrenstraße aus betraten.«

Das Palais des Prinzen von Preußen findet der Spaziergänger heute am alten Standort Unter den Linden, Ecke Bebelplatz. Wenn die Verkleideten es vom Hintereingang aus betraten – die Behrenstraße heißt bis heute Behrenstraße –, gingen sie durch Hof und Garten vorbei am Nach-

barhaus. Oelrichs: »Hier wurde schleunigst ein unschein-
barer Wagen angespannt, und es fuhren der Prinz mit der
Prinzessin und der Gräfin A. Haake zum Brandenburger
Tor, um zu mir zu fahren.«

Der »unscheinbare Wagen« gehörte dem Nachbarn. Dem
Seidenhändler Julius Wolf Meyer, dessen Geschäftshaus
in der Behrenstraße neben dem Prinzlichen Palais lag. Es
heißt bei Wolbe, daß Meyer selbst kutschierte, was durchaus denkbar ist. Nachbarliche Hilfeleistung oder auf Grund
bestehender Geschäftsverbindung. Dieser kritische Weg
vom Palais bis in die Potsdamer Straße, dieser Beistand –
Prinz Wilhelm hat das als Regent, als König und Kaiser
nicht vergessen: »So lange Meyer lebte, bezeigte ihm der
Kaiser alljährlich seine Dankbarkeit durch Übersendung
irgendeiner mit seinem Namenszuge geschmückten Kostbarkeit aus der Königlichen Porzellanmanufaktur.« Und
nun, wer zuviel gelesen hat, wendet jetzt einen Gedanken
an jene Zeit, als Juden zwangsweise Porzellan bei dieser
Manufaktur kaufen mußten, wie beispielsweise Moses
Mendelssohn beim Urgroßenkel des Prinzen von Preußen.

Eugen Wolbe, der zu den vergessenen Berlinern zählt,
hat in seinem 1937 erschienenen Buch versucht, wie damals andere vor und mit ihm, nachzuweisen, daß jüdische
Mitbürger »gute Deutsche« gewesen sind. Der Seidenhändler Meyer, der Bankier Cohn. Major und Adjutant
v. Oelrichs hatte in seinem Buch »Die Flucht des Prinzen
von Preußen« (1913) diese loyalen Juden weggelassen. Vielleicht hat man es ihm nicht erzählt, wem der unscheinbare
Wagen gehörte und wer das Fahrgeld nach London vor-
schoß. Oder es gehörte sich nicht mehr, daran zu erinnern.

Da stehen wir im Lustgarten, weil es auf der Bank kühl
geworden ist. Man fröstelt.

Wie immer, die zu nahe stehenden Zeitgenossen wissen

nicht alles. Kein Einblick. Überall ist Watergate. Aber keine mutige Zeitung. Unerschrockene Journalisten fände man.

Aber ein weniges reicht sich weiter. Wir haben in unserem Blickfeld: Meyer und Cohn helfen dem Prinzen von Preußen. So gut sie können, nicht ohne Eigennutz vorausschauend. Ihr Ergebnis: Geheimer Kommerzienrat und Hofbankier. Sie sind Geschäftsleute. Nur mit einer ordentlichen, vom Volke unbehelligten Regierung können sie ihre Existenz behaupten. – Es passiert ja wirklich alles in knapp einer Woche, manches sogar am selben Tage: Tot liegen inmitten der Märzgefallenen zwei Juden. Alexander Goldmann und Simon Barthold. Ihre Gräber sind auf dem Friedhof in der Schönhauser Allee. – Und bei der Trauerfeier, deren farbige Abbildung Adolph Menzel leider nie vollendet hat, sprach nach dem evangelischen und dem katholischen Geistlichen gleichberechtigt der Rabbiner Michael Sachs. Will jemand noch mehr Beispiele aus der deutschen Geschichte dafür, daß es nicht auf die Religion ankommt, auf Nase oder Vorhaut, sondern auf die Klasse; nie auf die Rasse, die sogenannte ...

*

Gedanken auf der Bank im Lustgarten.

Der Prinz von Preußen kehrte bald zurück und sprach schon am 8. Juni vor der Nationalversammlung in Berlin. Genau ein Jahr später ist er Kommandeur der Armee gegen die Aufständischen in Baden und in der Pfalz; und blutig nimmt er Rache für die zu enge Weste, den abrasierten Schnurrbart und den unscheinbaren Wagen damals im März. Im Oktober 1849 zum Militärgouverneur am Rhein und in Westfalen ernannt, wird er am 12. Oktober in Berlin begeistert empfangen. Das ist belegt.

Das Alte Palais
ehem. Kaiser Wilhelm Palais

erbaut 1834–36
von Karl Ferdinand
Langhans d. J.

Wilhelm I. von Preußen

Das unvorstellbar/vorstellbar kurze Gedächtnis eines Volkes. Wilhelm regiert dreißig Jahre, beginnt und gewinnt drei Kriege, wird Kaiser. Verehrt, bejubelt; man drängt sich wegen seines Anblicks vor dem »historischen Eckfenster«, wo er jeden Mittag die vorbeimarschierende Wachtparade grüßt.

Das Eckfenster ist noch da. Ich weiß nicht, wer dahinter seinen Arbeitsplatz hat. Weiß auch nicht, ob alle da drin wissen, wer da einst ... Das Palais, an das man in jenen unruhigen Tagen »Nationaleigentum« schrieb, um es vor der Plünderung zu behüten, ist mittlerweile, nebbich, Nationaleigentum geworden.

Damals, am 21. März 1848, wollte ein Dr. Genzmer ganz in der Nähe ein Revolutionsdenkmal errichten lassen. Gegenüber der Universität, wo mittlerweile König Friedrich II. reitet; und zwischen Opernhaus und Bibliothek, wo 1933 die Bücher verbrannt wurden. Soviel ich weiß, erinnert heute in dieser Gegend nichts an die Märztage von 1848. Also muß man wenigstens an sie denken, wenn man durch die Behrenstraße über den Bebelplatz zum Lustgarten geht.

UNTERM STRICH

Panorama 1848
Vom Schlosse aus gesehen

Das Panorama, welches unser Bild aufrollt, ist eins der
schönsten, wenn nicht das schönste, welches die an Se-
henswürdigkeiten so reiche Spreestadt zu bieten vermag.
Den Ausgangs- und Gesichtspunkt dieses Panoramas bildet das herrliche Königliche Schloß. Von dem Balkon desselben uns zur Rechten wendend, erscheint eine Folge von
Prachtbauten, welche meist europäische Namen besitzen.
Auf der rechten Seite der linken Straße am Lustgarten,
mit dem graziösen Springbrunnen in der Mitte seiner von
Linden umgebenen frischen Rasen-Quadrate, liegt die im
halborientalischen Style gebaute Domkirche. Sie stimmt
mit ihrem milden Gesamteindrucke vortrefflich zu ihrer
großartigen Umgebung. Den Fond des Lustgartens bildet
ein andrer Tempel, es ist der der Kunst: das königliche Museum, im reinen griechischen Style erbaut und einen wahr-
haft edlen Anblick darbietend. Hier sind die bedeutenden
Kunstschätze der preußischen Hauptstadt vereinigt. Eine
Zierde der grandiösen Treppe des Museums ist die berühmte
Kiß'sche Amazone, deren Roß von einem Löwen angefallen wird. Gerade vom Schlosse aus vorwärts läuft die einen erhabenen Eindruck machende Breite Straße; weiterhin folgen die »Linden« welche zu dem im Mittelgrunde
sichtbaren Brandenburger Thor mit seinem weltberühm-
ten Siegeswagen fahren. Dieses in vergrößertem Maßstabe
dem atheniensischen Propyläum nachgebildete Bauwerk
vermag es, ungeachtet aller Beschreibungen, das Auge des
Beschauers immer neu zu fesseln.
Rechts an der Straße ist zunächst das Arsenal, ein herr-

liches massives Gebäude; darüber hinaus befindet sich die Hauptwache und die Universität. Links steht, hier fast unsichtbar, das Opernhaus, ferner nach den Linden hin, der Palast des Prinzen von Preußen mit dem Thurme; er ist zum National-Eigenthum erklärt. Ueber die Straße hinaus links steigt zunächst die nach Art des römischen Pantheon erbaute katholische Kirche zu St. Hedwig mit ihrer gewölbten Kuppel empor. Diejenige Kirche mit den beiden im halbgothischen Style erbauten stumpfen Thürmen ist die Neue Werdersche Kirche, eins der größten Gotteshäuser Berlins. Sie hat ihren Grund auf dem Werderschen Markte. Auf dem Gensdarmenmarkte stehen die beiden französischen Kirchen; im tiefsten Mittelgrund liegt das Schauspielhaus mit der plastischen Gruppe auf seinem Scheitel. Das bedeutende Gebäude links mit den Marquisen ist die Bauschule, die sich in ihrer Erscheinung ihres Namens würdig macht. Einen wohlthuenden Eindruck gewährt es, daß dies Panorama in seinem Vordergrunde keines der Berliner Schlachtfelder zeigt. Die Kampfplätze liegen rückwärts von unserm Augenpunkte, wo die Königstraße den Ausgang auf die Barrieren des März eröffnet. Möchte Berlin, welches einmal den Schrecken des Bürgerkriegs in seinen Straßen erprobte, vor der Wiederholung desselben bewahrt und einem Schicksale fern bleiben, wie es Wien, die altdeutsche Kaiserstadt, gleichviel aus welchem Grunde, zur tiefsten Erschütterung jedes deutschen Herzens eben in dem gegenwärtigen Augenblicke erprobt.

*Payne's Universum. Darstellung und Beschreibung der
schönsten Gegenden, Städte und merkwürdigsten
Baudenkmale auf der ganzen Erde ...
Leipzig (um 1848)*

123

MIT GARTENLUST

Seitenverkehrt ist der Lustgarten abgebildet auf einem Bilderbogen aus Neuruppin im Jahre 1849. Der Dom steht
links. Das hat er noch nie getan. Und wen das nicht stört,
der könnte sich erregen über die prämilitärischen Studenten im Vordergrund, denn sie tragen den Säbel rechts. Die
meisten Betrachter aber, da sie auf diese Weise etwas von
der entfernten Residenz sahen, ohne erst hinfahren zu müssen, kümmerte es wenig, daß der Lithograph sein Bild –
um den Fachausdruck zu gebrauchen – nicht gekontert hat.
Vielleicht sollte das im Jahre nach 1848 ein Hinweis auf
die Konterrevolution sein, denn der Zeichner blickt von
erhöhtem Standpunkt. Aus dem Schloß.

War die Anspielung unfreiwillig? Bürger stehen oder lust-
wandeln.

Die grünen Quadrate des Lustgartens sind 1849 sorgsam
eingezäunt. Wahrscheinlich wegen der Unart, daß Menschen achtlos übern Rasen laufen und die Rabatten nicht
schonen. Verständlicherweise, denn es waren ja nicht ihre
Grünflächen. Die gehörten dem Herrscherhaus oder bloß
der Stadt.

Eine Kompanie Soldaten, vorneweg Musike, latscht fast
im Gleichschritt vorbei; von rechts nach links.

Der Neuruppiner Bilderbogen ersetzte damals den Film-
bericht, das farbige Fernsehen, die aktuelle Zeitung und
mancherlei, das immer erst dem nächsten Jahrhundert zu-
getraut wird. Lesen wir, um wie die Vorfahren unterrichtet zu sein, mitgenießend die Bildunterschrift.

Der Lustgarten enthielt »zu Zeiten des Großen Kurfür-

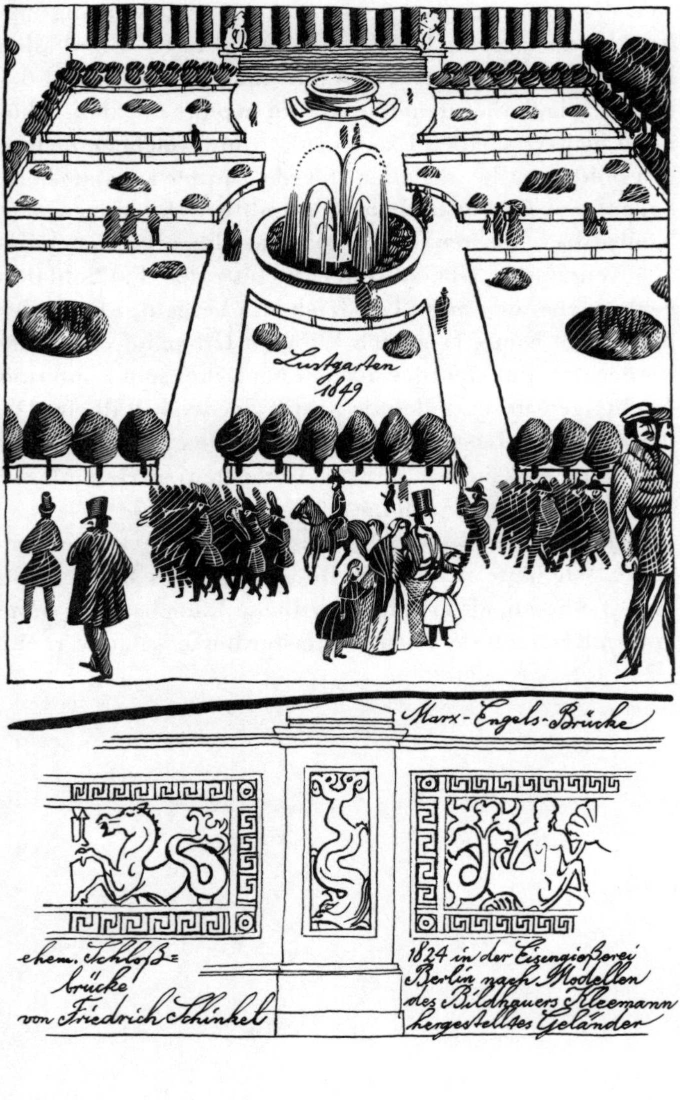

Lustgarten
1849

Marx-Engels-Brücke

ehem. Schloß=
brücke
von Friedrich Schinkel

1824 in der Eisengießerei
Berlin nach Modellen
des Bildhauers Kleemann
hergestelltes Geländer

sten die schönsten Gewächse und ein großes Orangerie-
haus. Jedoch König Friedrich Wilhelm I., ein Feind allen
Luxus und aller Pracht, und nur allzugroßer Freund des
Militärs, ließ alles demolieren und machte aus dem schönen Lustgarten einen Exerzierplatz, auf welchem die langen Soldaten, die aus aller Herren Länder zusammenge-
bracht waren, Parade machen mußten. Das waren dem
Könige die schönsten Gewächse!« Das klingt reichlich kühn
aus Neuruppin. Gleich weiter im Text, der den Soldaten
verbrauchenden Sohn Friedrich II. übergeht: »Doch der
hochselige König Friedrich Wilhelm III. schuf den Platz
wieder um und stellte, wie auch nach ihm sein Sohn und
Nachfolger, unser geliebter König Friedrich Wilhelm IV.,
den früheren Lustgarten in seiner jetzigen Form wieder
her. Nun schmücken ihn die schönsten Gartenanlagen
und in der Mitte die schöne große Fontäne ...«

Bleiben wir im Bilde. Lesen wir auch den Text seitenverkehrt. Wie hätte er auf dem Bilderbogen des Jahres 1730
lauten müssen, als Friedrich Wilhelm I. höchst selig seine
langen Kerls auf dem neuen Pflaster hörte, sah und roch?

UNTERM STRICH

Im November 1848

Alle königlichen Gebäude sind bis unter die Dächer voll Soldaten ... Selbst das [Alte] Museum ist in eine Kaserne verwandelt, und geht man an demselben vorüber, so hört man ein Geräusch, wie von einem donnernden Wasserfalle. Es ist das Singen und Sprechen der Soldaten in der prachtvollen Rotunde, deren Echo den Schall vertausendfacht. Vor der Mediceischen Venus balgen sich Soldaten, den Fußboden mit den Nägeln ihrer Stiefel zerreißend, der kapitolinische Faun hat eine Feldmütze auf, Helme sind den schönsten Antiken aufgestülpt, Bajonette lehnen an die Minerva Medica, und der Knabe, der sich den Dorn aus dem Fuße zieht, ist von Tornistern, Kommißbroten und Patronentaschen verdeckt.

Fanny Lewald

MIT FISCHEN

Außer Stadtansichten hat Johann Georg Rosenberg um 1785 auch allerlei Händler gezeichnet. »Kaufen Sie mir doch von meinen Bildern ab« steht nicht unter einem Dichterporträt, sondern gehört zum »Bilderhändler im Berliner Lustgarten«. Der hält Ansichten der Residenz in verschiedenen Formaten bereit. Noch ist die Ansichtskarte nicht erfunden. Noch steht kein Altes Museum, noch nicht dieser Dom. Schinkel läuft gerade in seinen Kinderschuhen.

Neugierig geworden, gehen wir mal über die Straße. Unser Bus ist ohnehin nicht in Sicht.

Auf der anderen Seite angekommen, was eine Weile dauert wegen des Verkehrs, gehen wir auf die Brücke und sehen uns ihr Geländer an. Delphine, Seepferde und Tritonen, die ihre Muscheln wie Fächer halten. Die Delphine haben alle einen grimmigen Mund. Vom Kopfstehen oder von ungestillter Sehnsucht nach dem offenen Meer.

Während wir uns diese Gedanken holen, drehen wir uns nicht um, damit wir unseren Bus nicht kommen sehen, denn wir erreichen ihn sowieso nicht mehr wegen der vielen Autos auf beiden Fahrbahnen. Berlin ist Weltstadt.

Statt dessen schauen wir lieber von der Brückenmitte nach rechts. In der Ufermauer gibt es ein wohlgeformtes Brunnenbecken, ein Abfluß wie eine Unterlippe. Zwar trocken, aber von Schinkel. Vormals floß das Wasser des Springbrunnens hier in die Spree.

Zu beiden Seiten des Beckens hat Schinkel ebenfalls Delphine anbringen lassen, obgleich sie in diesem Fluß nie

nachgewiesen worden sind. Für diese Eigenmächtigkeit
bekam der Meister Ärger. Man warf ihm Traumhaftigkeit
vor und Bilddenken, das in späteren Festschriften durch
Weglassen der Vorwürfe ausgeglichen worden ist. Damals
rettete ein der Forschung bislang unbekannt gebliebener
Gönner die Anlage, indem er sie dem König Friedrich Wilhelm III. als zukunftsweisend deutete. Unter Friedrich
Wilhelm XIV. würden die gewöhnlichen Flußfische restlos
aus der Spree beseitigt sein. Delphine jedoch könnten wie
das Goldene Zeitalter tagtäglich in Preußens Hauptstadt
erwartet werden.

UNTERM STRICH

Eingabe 1852

Nachstehender Prozeß, welcher vor einigen Tagen zur
Verhandlung kam, wird in der Stadt vielfach besprochen.
An einem heißen Junitage ging der Kaufmann *Bendheim* –
ein ultrakonservativer hiesiger Bürger und eifriges Mitglied
des Treubundes – vom Lustgarten kommend durch das Portal des königlichen Schlosses und rauchte, unbekannt mit
dem Verbote, dies im Schloßhofe zu tun, eine Zigarre. Der
am Lustgarten stehende Wachtposten verbot das Rauchen
auch nicht, wahrscheinlich weil er es gar nicht bemerkt
hatte, und Bendheim schritt daher dem auf den Schloßplatz hinausführenden Portale zu. Der hier stehende Posten, aufmerksamer als sein Kamerad am Lustgarten, trat
Bendheim mit dem Bemerken entgegen, daß er ihn, da er
im Schlosse geraucht habe, nicht passieren lassen dürfe,
sondern ihn auffordern müsse, den Schloßhof auf demselben Wege wieder zu verlassen, auf welchem er gekommen
sei. Bendheim fand, daß dies, da er nur noch drei Schritte
zu tun hatte, um auf den Schloßplatz zu gelangen, eine sehr
seltsame Strafe sei, und suchte daher den Posten zu be-
gütigen, indem er sich erbot, die Zigarre wegzuwerfen, wo-
nächst seinem Weitergehen wohl kein Hindernis im Wege
stehen würde. Der Posten schien jedoch der verkörperte
Buchstabe des Gesetzes zu sein, zuckte mit den Achseln
und erklärte, daß er diese Erlaubnis nicht erteilen, Bendheim sich überigend aber an den wachthabenden Offizier,
Lieutenant v. Reibnitz, mit seinem Gesuche wenden könne.
Dieser stand gerade am offenen Fenster der Wachtstube.
Bendheim schritt dem Fenster zu, zog, als höflicher Mann,

seinen Hut vor dem Lieutenant und ersuchte ihn, unter
Vortrag des Hergangs, um die Erlaubnis, die fatale Zigarre wegwerfen und durch das Portal am Schloßplatz
seinen Ausgang nehmen zu dürfen. Auf diese höfliche Bitte
habe Bendheim eine – wenn vielleicht abschlägige – mindestens aber doch höfliche Antwort erwartet. Er war deshalb nicht wenig erstaunt, als der Lieutenant ihm in bar-
schem Ton zurief: »Machen Sie keine lange Rederei und
scheren Sie sich Ihrer Wege, sonst lasse ich Sie auf der
Stelle arretieren!« Bendheim sah ein, daß mit der bewaff-
neten Macht schlecht Parlamentieren ist und schlug, etwas betroffen über die erfahrene Behandlung, den Rückweg nach dem Lustgarten ein.

*Das war das Gescheiteste, was er tun konnte. Wir müssen
dazu wissen, daß das Rauchen auf offener Straße eine der
tatsächlichen Errungenschaften der Märzrevolution von
1848 gewesen war. (Heute wäre es eine, wenn das Rauchen
nur noch im Freien erlaubt wäre.) Nur im Schloßhofe blieb
es untersagt, kein Wunder, denn das Königshaus hatte genug
erlitten. Andererseits nimmt unsereinen Wunder, daß so
ein Bürger ohne weiteres den Schloßhof durchqueren
konnte; ohne Passierschein, ohne Anmeldung und dergleichen. Und wenn Bendheim nicht dabei geraucht hätte, er
wäre nie in die Lage gekommen, von der wir gleich lesen
werden. Aber noch sitze ich auf der Bank im Lustgarten
und denke an Pankow, wo ich wohne und zuweilen gern
am dortigen Schloß vorbeiginge, wenn das ginge, um den
Weg abzukürzen; da fuhr früher sogar die Straßenbahn
entlang – also, was tat der unselige Bendheim?*

Bendheim fand das Benehmen des Offiziers so unange-
messen, daß er beschloß, dasselbe rügen zu lassen. Er be-

gab sich direkt zu dem Kommandanten, General v. Borcke, trug demselben den Hergang vor und erhielt das Versprechen, daß die Sache untersucht und bei Bestätigung seiner Angaben der Offizier zur Verantwortung gezogen werden sollte.

Folgenden Tages [!] erhielt er von der Kommandantur einen schriftlichen Bescheid, dahin lautend, daß nach der stattgehabten Erörterung der Sache das Verfahren des Offiziers in jeder Beziehung gerechtfertigt erscheine und keine Veranlassung zu einer Bestrafung desselben gefunden werden könne. Einen gleichen Bescheid erhielt Bendheim auf seine Beschwerde beim Oberkommando; in diesem hieß es sogar, der Offizier sei *in seinem vollen Rechte* gewesen, und wenn ein Offizier die von v. Reibnitz gegen Bendheim gebrauchte Äußerung tue, *so könne darin keine Beleidigung eines Zivilisten gefunden werden.* Auch hierbei beruhigte sich aber Bendheim noch nicht; er richtete nun an den Kommandanten v. Borcke nochmals eine schriftliche Eingabe, in welcher er den Vorfall wiederholt speziell erörtert, und unter anderem auch sagt: »Die Anwesenden hätten sich gewundert, wie ein Gardeoffizier so *brutal* verfahren könne und nicht einmal soviel Lebensart besitze, einen anständigen Mann anständig zu behandeln. Es sei Wille des Königs, daß Bürger von seinem (Bendheims) Stande, welche sich immer als gute Untertanen bewiesen hätten, von dem Militär mit Achtung behandelt werden sollten, und es scheine ihm, als habe der Wachtposten seinen Dienst besser verstanden als der Lieutenant.«

O weh. Ist denn nicht Michael Kohlhaas deshalb vorsorglich im Schulunterricht behandelt worden, damit bereits der kleine Untertan daraus seine Lehre ziehe?

Schloßhof nach dem Umbau
1698 – 1707 von Andreas Schlüter

Altes Museum 1825 – 1830 von Friedrich
Schinkel

133

Auf diese Eingabe erhielt er den Bescheid, daß dieselbe wegen der darin enthaltenen Beleidigungen gegen den Lieutenant von Reibnitz an die Staatsanwaltschaft abgegeben worden sei. Letztere erhob auch die Anklage, welche beim Kriminalgericht verhandelt wurde. Bendheim stellte das Sachverhältnis so dar, wie es oben beschrieben ist. Es wurde darauf die eidliche Aussage des Lieutenants von Reibnitz verlesen. Dieser hat angegeben, daß er Bendheim erst zweimal aufgefordert habe, dem Posten Folge zu leisten, ehe er die Worte »er solle sich scheren usw.« an ihn gerichtet habe. Bendheim bestreitet dies. – Das Resultat war, daß Bendheim – bei Annahme mildernder Umstände zu 20 Talern oder 7 Tagen Gefängnis verurteilt wurde.

Urwähler-Zeitung,
Organ für jedermann aus dem Volke

MIT RUHEORT

Im überfüllten Bus, mit schwerwiegendem Einkaufsbeutel
haltsuchend, die Linden entlang in Richtung Alex, stehe
ich gebeugter als sonst. Bin mir durch die Scheiben Stadt-
bilderklärer. Übe mich vorsorglich. Kann man wissen?
Sehen Sie bloß zu! Sehen Sie nicht bloß zu.

Im Vorbeifahren am Lustgarten ist die lateinische Inschrift zu buchstabieren: FRIDERICUS GUILELMUS III
STUDIO ANTIQUITATIS OMNIGENAE ET ARTIUM LIBE-
RALIUM MUSEUM CONSTITUIT MDCCCXXVIII. Da ertönt
hilfreich die Stimme des Inschriftendeuters. Eine selbst-
verständliche Neuerung in jedem Linienbus. Fließend
übersetzt er den Fahrgästen: »Friedrich Wilhelm III. hat
dem Studium jeder Art Altertümer und der freien Künste
diesen Ruheort gestiftet 1828.«

Das ist Schinkels Lesart. Sein Lateinlehrer hätte ihn dafür getadelt. Wie kann man »Museum« mit »Ruheort« über-
setzen! Wir sind doch nicht dazu auf der Welt und in der
Hauptstadt! Weil er aber Schinkel war und das Museum
gebaut hat, durfte er »Ruheort« sagen.

So einfach war das nicht mit der Dachzeile in Gold. Ihr
Latein hatte zwar der ruhmreiche Archäologe Hirt zusam-
mengefügt, aber das Kultusministerium, weil es nicht gefragt worden war, äußerte Bedenken. Damals konnten
alle, die mitredeten, etwas Latein. Und es gab viele Bes-
serwisser. So kam es zu einem Gedankenaustausch, an
dem Experten wie Tieck, Schleiermacher und Alexander
von Humboldt beteiligt wurden. Man hörte Gutachten und
Verbesserungsvorschläge. Wir späte Betrachter solchen

Vorgangs könnten meinen, das Komplizierteste an einem Bau sei die Inschrift.

Nachdem sich beinahe jeder für eine Änderung des Textes ausgesprochen hatte und eine neue Fassung empfohlen, kam die Sache zum Glück unter die Augen des Finanzministers. Den interessierte nicht, was da geschrieben stand, sondern was das Blattgold gekostet hatte. Und er nannte es zu teuer, um die Schrift wieder ändern zu lassen. Außerdem hatte sich der König gerade wieder neue Zierstreifen für ein Regiment ausgedacht. Das Geld mußte aber auch noch für Patronentaschen reichen.

Auf diese Weise blieb der Menschheit die von Schinkel bevorzugte Inschrift erhalten. Und wenn wir sie gebührenfrei betrachten dürfen und lesen, gedenken wir froh der kulturfördernden Rolle des Geldmangels.

Mit Veränderungen

Solange es ihn gibt, haben sich Besucher über ihn geäußert. »Der Lustgarten dient bei Tage einem angenehmen Spaziergang der schönen Welt und bei Nachtzeit zum Tummelplatz der feilsten und verächtlichsten weiblichen Geschöpfe in Berlin, die hier gemeinen Soldaten und Trunkenen die Überreste ihres Leichnams anbieten.« So Georg Friedrich Rebmann, als er sich 1793 in der Umgebung des Schlosses umsah.

Dies Munkeln im Dunkeln ließ nach, als dreißig Jahre später Schinkel sein Museum aufstellte. Nun genoß Berlin ein Stück klassisches Altertum. »Was sollen aber die kleinen winzigen preußischen Adler auf dem griechischen Tempel?« fragte jemand. »Sie stehen in langer Grenadier-Reihe rekrutenmäßig geschultert da; und man weiß im Publikum nicht recht zu erklären, warum sie nicht in der einen Klaue ein Gewehr und in der anderen einen Katechismus haben.« Adler »wie ein Garderegiment. Von unten betrachtet sehen sie sehr klein und wie Krähen aus.« So Eduard Beurmann, nach dem heute weder Hahn noch Adler kräht, in seinen »Vertrauten Briefen aus Preußens Hauptstadt«.

Erst daraufhin fielen mir diese Adler auf. Im Angesicht der Säulenfront hatte ich sie noch nie bemerkt. Und bin nicht der einzige. Das sollte zu denken und zu danken geben.

Schwalben im Lustgarten erfreuten Victor Auburtin. Er spazierte 1911 am Museum vorüber, sah sie und den herrlich blauen Himmel, als Beamte kamen und die Säulenhalle absperrten, um von den Kapitälen und Rosetten der

Säulendecke mit langen Stangen die Schwalbennester ab-
zukratzen und herunterzuschlagen. »Die Schwalbennester fallen klatschend auf den Steinboden; sie bilden eine
große Masse Unrat, und die gelben Kadaver der jungen
Schwalben sehen ganz ekelhaft aus.« Deshalb fegt eine der
preußischen Plattmützen »den ganzen Dreck in die Ecke
zu einem großen Haufen zusammen«.

Da wundert sich der Feuilletonist über die Schwalbenmüt-
ter, die Futter bringen für ihre Brut: »Jede hat den Schnabel ganz voll Mücken; und merkwürdig ist, daß sie trotzdem so herzzerreißend schreien können. Dieses ist Berlin,
Herrschaften ...« Es hatte damals den Ruf, die sauberste
Stadt der Welt zu sein.

Du blickst zwischen den Säulen in die Höhe. Wunderst
dich. Was für hohe Leitern und lange Stangen haben die
gebraucht. Jetzt erst, den Kopf weit im Nacken, glänzen
für dich kleine goldene Sonnen in den Kassetten. Wie von
Kinderhand gemalt.

Außer den erwähnten Adlern gibt es heute Stadtmöven,
angepaßte Spatzen und degenerierte Tauben. Diese Wat-
schelwesen erinnern nicht an das Sinnbild des Friedens.
Schwalben? Mauersegler? Nicht hier. Das macht die Berliner Luft Luft Luft.

UNTERM STRICH

Neujahrstag 1905

Um acht Uhr früh hatten die Zweiten Gardedragoner auf
der Galerie der Schloßkuppel das neue Jahr mit einem Choral begrüßt und im Innern des Schloßhofes die Kapelle
des 4. Garderegiments ihr »Freut euch des Lebens« folgen
lassen. Von der Friedrichstraße bis zum Lustgarten um-
rahmten Menschenmauern den Bürgersteig. Aha – die
ersten Hofwagen. Gottesdienst in der Schloßkapelle. Gra-
tulationscour im Weißen Saal und Paroleausgabe im Zeughaus sind die jährlich wiederkehrenden höfischen Dienst-
stunden für den Neujahrsmorgen. Hochrufe: Kaiser und
Kaiserin in geschlossenem Coupé, der Kronprinz mit Prinz
Eitel Fritz und viele andere folgen. Dann die Generale,
darunter Graf Häseler mit dem charakteristischen Molt-
kekopf, von Bock, Kessel, Hahnke. Ein blauer Husar: der
Reichskanzler Bülow. Andere Diplomaten in goldgestick-
ter Tenue. Eine rote Johanniteruniform leuchtet auf: Baron
Cramm-Burgdorff, der braunschweigische Gesandte.

Die Parole lautet nach altpreußischer Tradition am Neu-
jahrstage immer »Königsberg – Berlin«. Das Volk kann bei
der Ausgabe seinen Herrscher aus nächster Nähe betrachten. Nach beendeter Cour schritt der Kaiser allein zu Fuß
vom Schloß nach dem Zeughaus, in grauem Paletot, darüber das Band des höchsten Ordens, in der behandschuh-
ten Hand den Marschallstab. Ein paar Schritt hinter ihm
die Prinzen und die Suite.

Fedor von Zobeltitz

139

UNTERM STRICH

An der Pomeranzenbrücke

Die Kleine Pomeranzenbrücke – sie hieß früher ausdrucksvoller »Orangenbrücke« – führte vom Lustgarten zum Pomeranzenhaus. Sie verschwand 1824, als beim Bau des Alten Museums der Graben zugeschüttet wurde, der hier die Spree mit dem Kupfergraben verband. Die nur wenige Schritte entfernte Große Pomeranzenbrücke mußte 1792/93 vergrößert werden. Dabei erhielt sie die Bezeichnung Friedrichsbrücke.

Das Pomeranzenhaus, das mit seinem Namen so sehr an Apfelsinen und exotische Früchte erinnert, stammte aus dem Jahre 1652. Es gehörte zum Lust- und Schloßgarten, der damals mit seinen Blumen, Hecken- und Laubengängen, seltenen Gewächsen, Fontänen und Denkmälern, dem Garten für Arzneikräuter und dem Küchengarten sehr berühmt war. Wer nach Berlin kam, besichtigte die Anlage.

Ein Brand hatte das Gewächshaus zerstört. 1685 wurde ein neues, seltsam kreisförmig in die Bastion eingefügtes Gebäude errichtet. Die Promenierenden konnten hier über 950 Arten von Sträuchern und Bäumen aus fernen Ländern bewundern. Das geräumige Haus besaß ein Pultdach, dessen Verkleidung im Sommer abgenommen werden konnte. Seine wichtigste Aufgabe war, die in Kübeln gezogenen kostbaren exotischen Gewächse des Lustgartens, darunter auch die kälteempfindlichen Pomeranzenbäume, über Winter aufzunehmen ...

Das barocke Pomeranzenhaus erlebte viele Mieter und Besucher. Es endete schließlich als Büro und Geräteschuppen für seinen neuen Nachbarn. Als dann der Bau der

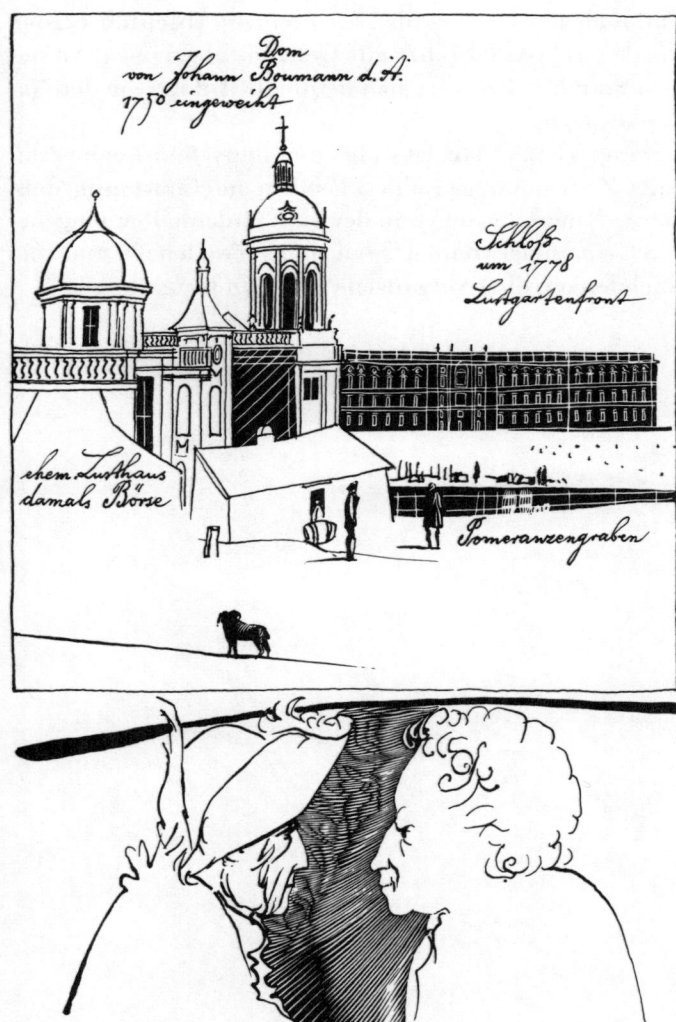

Dom
von Johann Boumann d. Ä.
1750 eingeweiht

Schloß
um 1778
Lustgartenfront

ehem. Lusthaus
damals Börse

Pomeranzengraben

141

Nationalgalerie (1866 bis 1876) seinem Abschluß zuging, wurde das fast 200 Jahre alte Gebäude abgerissen. An seinem Standort befindet sich heute die Anlage vor der Nationalgalerie. Dieser kleine Platz ist wohl einer der schönsten im Zentrum. Zwei anmutige Kolbe-Plastiken und Constantin Meuniers »Sämann« stehen in der von Säulenhallen umgebenen Grünanlage. Bänke laden zum Verweilen ein und zum Nachdenken über vergangene Jahrhunderte.

Berliner Zeitung, 1982

MIT FRIEDRICHSBRÜCKE

Diesmal gehen wir über die Friedrichsbrücke hin. Sie ist im Lauf der Zeiten die siebente an dieser Stelle, sieht schön neu aus und zeigt Zahlenpaare: 1981–82 und 1892–93. Rücken an Rücken zwei große goldene F. Eff wie Friedrich.

Den Zweiten Weltkrieg hat die Brücke nicht überstanden. Da zog man 1951 zu den Weltfestspielen der Jugend und Studenten eine Notbrücke über den Fluß. Eine aus Holz. Das war imprägniert und roch nach Tauwerk, nach Seefahrt und Geräuchertem. Jahre später noch, besonders wenn die Sonne lange genug auf die Bohlen gebrannt hatte, durch deren Ritzen man das Wasser schimmern sah. Jedoch was war all das gegen das Schönste: Man hörte sich gehen.

Von der fünften Brücke, 1893, stehen heute noch die vier Pfeiler auf dem Land. Zeitgeschwärzt und mit heller Gegenwart ausgebessert. Oben stumpf. Einst hockten dort bronzene Adler, jeder eine Hängelampe im Schnabel, mächtig-gewaltig. Dazwischen auf der Brücke vier als Kandelaber gedachte Fackelträger. Heute sind es acht Kandelaber, nachempfundene, aber ohne Figuren und somit harmonisch.

Wollen wir über die fünfte, die wilhelminische Brücke gehen?

Zwei große Fotografien in der Hand. Die erste ist vom Dach der Börse aufgenommen. Man sieht im Hintergrund die Nationalgalerie. Das andere Bild will die Börse zeigen. Dazu hat der Fotograf sich auf das Dach des Säulenganges am Ufer gestellt. Beide Bilder stammen etwa aus der glei-

Nationalgalerie
1866–1876
von August Schüler

Friedrichsbrücke von 1892/93

chen Zeit, um 1905. Außer Kutschen, Pferdedroschken und
Fußgängern ist jeweils ein Wagen der elektrischen Straßen-
bahn zu sehen. Das machen die Fotografen gern, bringen
etwas Belebendes ins Bild. Denn die Redakteure sagen:
Aber nicht wieder bloß Gäule, sondern unsere schöne neue
Elektrische!

Um nur drei gut sichtbare Passanten herauszugreifen.
Wer ist der Herr mit dem Zylinder? Wie heißt der ältere
Mann, der sein Knie zum Straßenbahneinstieg hebt? Wo-
hin ging das Mädchen in der hellen Bluse?

An der Haltestelle, mitten auf der Brücke, warten zwei
Frauen. In Richtung Burgstraße fährt die 33 (bis Rosen-
thaler Tor), ferner die 39 (bis S-Bahnhof Börse). Eine dritte
Frau nähert sich; immer noch keine Bahn? Es gibt alle paar
Minuten eine große Auswahl: die 40 (bis Zionskirchplatz),
die 53, die 54, die 55, die fährt bis Danziger Straße. Sieben Linien über eine Brücke.

Fahrpreis: 10 Pfennige. Was kostet es heute?

Monatskarte für eine Linie 1910: 7,70 M.

Monatskarte für zwei Linien 1910: 10,20 M.

Monatskarte für alle Linien 1910: 30,60 M.

Die beiden Damen, die mit einem Sonnenschirm ihren Teint
schützen, würden sich wundern über die vielen, die sich
heute in der Mittagspause auf den Bänken am Ufer sonnen, zwischen der Friedrichsbrücke und der an der Karl-
Liebknecht-Straße.

UNTERM STRICH

James Yaakov Rosenthal: Friedliche Tage

Im Lustgarten spielten vorm Ersten Weltkrieg Kinder aller
Stände die ersten, die schönsten, lastfreien Spiele. Da stand
die aus einem riesigen Findelstein geformte »Wanne« vor
den Museumstreppen. Da kletterten sie über den Rand,
krabbelten wieder heraus, wetteten (nicht um Geld!) – wer
zuletzt ... Dort lernte ich, zuerst an der Hand eines Fami-
lienfreundes, dann mit seiner bloßen klug-suggestiven An-
leitung, freies Treppengehen, und andere taten es nach, als
wär's Physiotherapie (damals noch nicht bekannt; denn
noch war kein Krieg mit gliederversehrten Verwundeten).
Dort lernte man, gefahrlos auf Platz und Gehwegen, das
Laufen und Springen, von ganzen Reihen der Mütter bewacht. Dann sprang man wohl der Neuen Wache zu, die
Wachablösung zu bewundern, auch den Posten auf seinem Platz bewundernd, wie er vor jedem passierenden
Offizier das Gewehr präsentierte, und erregt wartend, ob
wohl ein Mann mit roten Biesen, d. h. ein General, vorübergehen werde; denn dann drückte der Posten zunächst
auf einen Alarmknopf und präsentierte dann erst das Gewehr, während die Kameraden innen aus der Wachtstube
heraussprangen, ins Gewehr traten und es dem Kameraden vorneweg gleichtaten. Kinderaugen beobachteten gespannt, ob der Biesenmann nicht etwa schon vorübergegangen war und darum nicht mehr den Salut mit »Hand
am Helm« oder Mütze quittieren konnte.

Am schönsten an arbeitsfreien Tagen, noch recht klein,
an der Hand des Vaters, Spaziergang via Dorotheenstraße,
Tiergarten, Unter den Linden (mit genauen Erklärungen

für's Kind über historische und neuzeitliche Funktion jedes
Ministeriums, Palais, Bibliotheks-, Hochschul- und Insti-
tuts-Gebäudes) zum Lustgarten. Und da – das ersehnte Er-
lebnis: Nach der Wachablösung Konzert des (wirklich
hochrangigen) Militär-Blasorchesters unter einem ange-
sehen-stadtbekannten Musikmeister und Dirigenten auf
dem das Denkmal Friedrich Wilhelms IV. umgebenden breiten Podest; jeweils von vielen hundert lautlos zuhörenden
Menschen, größtenteils Kindern umstanden. Gute Musik,
gut geboten, noch heute in gutem Gedenken. Das letzte
Stück stets ein Marsch – durchaus nicht immer ein preußischer Militärmarsch, auch aus Opern oder aus anderen
Ländern; und im Takt des Marsches Heimweg ins fast be-
nachbarte Elternhaus.

Die Schulferientage verbrachte ich am liebsten im Lustgarten, aber, Bücherwurm eh und je, »de luxe« (man lebte
so bescheiden im Berliner Stadtkern), d.h. nicht auf einer
arm- und rückenlehnenlosen Bank, sondern für fünf Pfennig und unbegrenzte Stunden auf einem sauberen, sogar
nicht unbequemen Stuhl, mit mitgebrachten Büchern auf
leerem Nebenstuhl. Dort vergrub ich mich in die Classica
deutscher, allgemeiner und jüdischer Geschichte und die
zusätzlichen Lieblinge, hebräische und lateinische Schrift-
quellen. Zuweilen leistete ich mir für's Pfennige-Taschen-
geld am blitzsauberen Kiosk vor der Nationalgalerie einen
Becher Buttermilch. Und auf den Ständen vor den Obst-
kähnen auf der Spree am Lustgarten gab es in Papiertüten
(so »hygienisch« und natürlich noch viel schmackhafter
als daheim, oh Kinderillusion) Früchte und Beeren, und
knackbares Johannisbrot. Gesagt, gewagt, getan – noch ein
paar Pfennige drangegeben. Schweren Herzens dem Lustgarten ein »Auf sehr schnelles Wiedersehen!«

Auch als (halbfreier) Gymnasiast, als Student, und noch

später – Endstation jedes Spazierweges und nach Besuch der Staatsoper beim Abendheimweg Durchgangsstation: Lustgarten. Nichts Museales, vielmehr gelebte Kultur-Kontinuität, in bescheidenem Maße sogar jüdische: Unweit von Lustgarten und Schloß an der Spree strömten am Nachmittag des ersten Tages vom jüdischen Neujahrsfest Massen von Juden (zumal in Zeiten, als die nahen Stadtteile noch sehr stark mit reinen Wohnvierteln durchsetzt waren) zum Fluß für ein Symbolgebet zur Entsühnung, nur an fließendem, letztlich mit dem Meer verbundenem Gewässer zu verrichten.

MIT MENDELSSOHNSÖHNEN

Mit der Lupe über das Bild der »Huldigung beim Regierungsantritt Friedrich Wilhelms IV.« Großes Panorama. Ein Aquarell, vom Dach des alten Domes aus gesehen. Links das Schloß, rechts das Alte Museum. Nur im runden Wasserbecken in der Mitte keine Menschenmassen. Sie überfüllen die Stufen zum Museum, stehen dichtgepreßt im Lustgarten unter Regenschirmen und drängen bis zum Schloß, vor dem unter einem Baldachin entblößten und trockenen Hauptes der neue König seine Ansprache hält und über die Zukunft spricht, von der sich viele manches und manche vieles erhoffen. Wie das so ist.

Bekanntlich hat auch Franz Krüger ein Gemälde dieser Huldigung geschaffen, vier Jahre Arbeit, und auf einer Sondertribüne die Geistesgrößen abgebildet. Nur waren die meisten damals gar nicht anwesend. Tieck lebte noch in Dresden, Meyerbeer war noch nicht Generalmusikdirektor in Berlin. Cornelins malte noch in München, die Brüder Grimm lehrten noch in Kassel. Mancher wird gemalt, mancher wird übermalt.

Da saß ich in der Bildagentur Kurt Stolp gegenüber, viele Monate. Er und unser Jahrhundert waren zweiundfünfzig. Von Zeit zu Zeit griff er den Retuschepinsel, mischte Weiß zu Grau, Schwarz zu Grau, schnitt Köpfe weg, klebte die Lücken zu, paßte an, paßte auf, summte dazu unpassende Melodien. Positiv-Retusche. Nicht unbotmäßig. Er korrigierte bloß unsere Familienfotos. In Prag wurde Onkel Rudolf gestorben. Slansky, falls sich jemand erinnert.

Wenn Maler Krüger Joseph Mendelssohn in sein Tri-
bünenbild aufnahm, so entsprach das den Tatsachen. Der
64jährige Bankier war zur Huldigung erschienen, weil er
nicht mußte.

Betrachtet man seinen Lebenslauf: der älteste Sohn des
menschenfreundlichen Philosophen, das sechste Kind.
Vor Joseph nur die Schwestern Dorothea und Recha und
drei Frühverstorbene. Seit seinem fünften Lebensjahr vom
Vater unterrichtet, der diese Vorlesungen in seinem letzten
großen Werk »Morgenstunden« sammelte und das Buch
Joseph widmete. Moses Mendelssohn hätte seinen Sohn
gern als Wissenschaftler gesehen, damit den Traum seines
eigenen Lebens verwirklichend, jedoch: »Zur Arznei hat
er nicht Lust; und als Jude muß er Arzt, Kaufmann oder
Bettler werden«; das waren die Berufsmerkmale im Jahre
1784. »Herzlich bedaure ich es«, schrieb Herr Moses, »daß
ich ihn den Wissenschaften entziehen muß, um einen
Knecht des Mammons aus ihm zu machen.«

Joseph gründete das spätere Bankhaus Mendelssohn &
Co. Er war Vorsteher des Ältestenvereins, des Ältesten-
Kollegiums der Berliner Kaufmannschaft. Begründer des
Berliner Kassen-Vereins und federführend beteiligt, als
1792 etwa hundert junge Männer eine »Gesellschaft der
Freunde« gründeten, einen philanthropischen Verein von
Freunden und Gleichgesinnten, »die bereit waren, sich ge-
genseitig brüderlich zu helfen« (Hermann Simon, 1983).

Als sein Sohn Georg Benjamin die Werke des berühmten Großvaters gesammelt herausgab, verfaßte Joseph
Mendelssohn als ungenannt gebliebener Autor eine Le-
bensbeschreibung von Moses Mendelssohn, der wir an-
schauliche Einzelheiten aus dem Alltag des Philosophen
verdanken.

Wer weiß noch etwas über Joseph Mendelssohn? Hum-

Moses Mendelssohn
1729–1786

Alexander von Humboldt
1769–1859

Felix Mendelssohn Bartholdy
1809–1847

boldt. Der kannte ihn von Kindheit an; hatte er doch selber gelegentlich an den »Morgenstunden« teilnehmen dürfen.

*

»In der Jägerstraße 49/50 liegen die alten Häuser der Firma Mendelssohn & Co., die als Berlins vornehmstes Privatbankhaus gelten. (Bankiers der russischen Regierung.) Hier ist alles altertümlich und solid. In den Kellergewölben ruhen nicht bloß Wertpapiere, sondern oft auch erhebliche Summen Barrengold. Die Tresoranlagen sollen so eingerichtet sein, daß sie beim Ausbruch einer Feuersbrunst sofort unter Wasser gesetzt werden können.« So Georg Bernhard, 1909.

*

Beim Ausbruch einer Feuersbrunst … Am 10. Mai 1933, als auf dem Opernplatz, nur ein paar hundert Meter vom Lustgarten entfernt, die Nazis ihre Bücherverbrennung veranstalten, lautet ihr sechster »Feuerspruch«: »Gegen volksfremden Journalismus demokratisch-jüdischer Prägung, für verantwortungsbewußte Mitarbeit am Werk des nationalen Aufbaus! Ich übergebe der Flamme die Schriften von Theodor Wolff und Georg Bernhard.«

*

Kann man einfach hingehen zur Geschichte und sagen: Ich möchte einen Bankauszug vom Bankhaus Mendelssohn & Co.?

Der Enkel des Bankhausgründers Joseph war Ernst von Mendelssohn-Bartholdy, 1908 der höchstbesteuerte Einwohner Berlins und reichster Bürger der Stadt. An siebzehnter Stelle unter den Millionären in Preußen.

Im April 1908 bot Ernst von Mendelssohn-Bartholdy dem deutschen Kaiser als Stiftung eine Sammlung an, deren Umfang und Bedeutung sprachlos macht. Musikalische Autographen der größten Komponisten. Unter anderem Choralvorspiele von Bach; von Mozart die Partitur der »Entführung aus dem Serail«, von Haydn vier Sinfonien und eine Messe. Drei Beethoven-Sinfonien – die Vierte, die Fünfte und die Siebente –, drei große Quartette und andere Kammermusikwerke, die »Fidelio«-Ouvertüre und beide Finales.

Ernst von Mendelssohn-Bartholdy hatte diese Originale von seinem Vater Paul und seinem berühmten Onkel Felix geerbt. Als die Schenkung der königlichen Bibliothek Unter den Linden übergeben wurde, fügte der Bankier noch das Originalmanuskript des Violinkonzerts von Felix Mendelssohn Bartholdy hinzu.

»Die Musikautographen-Stiftung Ernst von Mendelssohn-Bartholdys ist die wertvollste geblieben, die je einer Bibliothek gemacht worden ist.« (Rudolf Elvers, 1984)

*

Nachdem Hitler sieben Monate an der Macht war, schrieb sein Preußischer Minister für Wissenschaft, Kunst und Volksbildung am 31. August 1933 an die Musikabteilung der Preußischen Staatsbibliothek in Berlin. Es ging um ihr »Mendelssohn«-Zimmer. Dieser Name sei dem Raum im Jahre 1929 gegeben worden, als in der Staatsbibliothek zu Ehren des 200. Geburtstages von Moses Mendelssohn eine Ausstellung eröffnet worden war. »Danach muß der Name Mendelssohn-Zimmer als unbegründet – und eine falsche

Gedankenverbindung hervorrufend – abgelehnt und durch einen anderen ersetzt werden. Das Zimmer enthält, durch spätere Ankäufe ergänzt, eine wertvolle Sammlung musikalischer Autographen unserer großen deutschen Musiker, wird also zweckmäßig den Namen eines dieser tragen müssen und zwar desjenigen, der zeitlich und geistig dem neuen Deutschland besonders nahesteht: Richard Wagner.« Wagner war nämlich Hitlers Lieblingskomponist.

Die Musikabteilung der Staatsbibliothek antwortete umgehend und konnte den Minister berichtigen. Mendelssohns-Zimmer hieß der Raum seit 1914, als man das neue Haus Unter den Linden bezog. Der Name sei mit wesentlichen Beständen verbunden, »gerade so wie zur Leichtorientierung das Zimmer, in dem die Weber-Sammlung aufbewahrt wird, als Weber-Zimmer gilt … Ein ›Richard-Wagner-Raum‹ (ist) nicht zu befürworten, weil wir, abgesehen von Briefen, nur ein paar Blätter von Original-Partituren Wagners besitzen.« Man empfiehlt dem Minister, das Zimmer eher nach Bach, Mozart, Beethoven zu benennen. Deutlicher ging es kaum. Der Brief trägt das Datum des 6. September. Da ist wie zufällig der Geburtstag von Moses Mendelssohn.

Am 29. September 1933 verfügt der Minister: »Die Bezeichnung ›Mendelssohn‹-Zimmer ist durch ›Meistersaal der Musikabteilung‹ zu ersetzen.«

*

Das Bankhaus Mendelssohn & Co. bestand bis 1938. Es wurde nicht »arisiert« wie andere Unternehmen in jüdischem Besitz. Man muß solche Vorgänge mit der für ein Geldinstitut zwangsläufigen, für manchen Historiker nicht immer selbstverständlichen Genauigkeit behandeln. Das

Bankhaus Mendelssohn & Co. liquidierte sich Ende 1938/
Anfang 1939 selbst. Sich »arisieren« lassen hätte Nachge-
ben bedeutet; man wäre der Gewalt gewichen und hätte
durch solchen Kompromiß mit der neuen Macht die eigene Herkunft und Vergangenheit verleugnet. Da sich die
Melodien eines Felix Mendelssohn Bartholdy ebensowenig
arisieren ließen wie die Toleranz, Weisheit und Menschen-
freundlichkeit eines Herrn Moses, lag die Entscheidung
nahe.

*

Wieder auf der Friedrichsbrücke. Die alte, 1805 einge-
weihte Börse neben dem alten Dom. Der Börsensaal trug
über Fenstern und Türen »auf Handel und Verkehr be-
zügliche Stuckreliefs, gute Arbeiten der Schadowschen
Schule ...« Ausgeführt nach Entwürfen und unter der
Leitung Schadows. Diese Reliefs hatte Joseph Mendelssohn gestiftet.

1893, als dieses alte Börsengebäude abgerissen wurde,
weil der neue Dom mehr Platz beanspruchte als sein Vor-
gänger, gab der Preußische Staat diese Reliefs an die Familie zurück. Das Bankhaus Mendelssohn & Co. errichtete
damals gerade auf seinen Grundstücken in der Jägerstraße 49/50 einen Neubau. So war Gelegenheit, die wert-
vollen Platten im oberen Flur an den Wänden befestigen
zu lassen. Leider recht hoch und schwer zu betrachten,
gar nicht zu reden von der Schwierigkeit für Fotografen.

Die Hausnummern sind die alten. Sandsteinfassade.
Das Gebäude hat überlebt.

Innen gleich links eine zwei Stock hohe Schalterhalle mit
Oberlicht und einem Wasserspiel für Grünpflanzen. Wie
man sich eine Bank vorstellt. Damit du spürst, wie dein
Geld sich dort wohl fühlt.

Vornehm und großzügig die Treppe zum Obergeschoß. Die Reliefs an Ort und Stelle. Handel und Verkehr. Gelassen wendet sich ein orientalischer Handelsherr einem Schreiber zu. Ihm gegenüber mit erhobenem Bestellfinger der bewaffnete Kaufmann aus dem Abendland. Jahrgang 1650. Ein länglicher Karren, über und über mit verschnürten Ballen beladen, gezogen und geschoben von keuchenden Menschen. Ein Kahn mit Waren. Fünf Männer mühen sich mit Hebebaum und Händen um ein schweres Paket, während einer müßig zuschaut, den Kopf auf den Ellbogen gestützt. Selbstverständlich fehlt nicht der Kaufmann, wie er mit blanker Münze bezahlt. Verkehr und Handel.

Über der Tür im Kunstschmiedegitter entwirren die Augen, wenn sie es wissen, das »M & C«.

UNTERM STRICH

Olympia 1936

Für die Zeit der Olympiade war ganz Berlin in eine Art Anhängsel des Stadions verwandelt worden. Vom Lustgarten zum Brandenburger Tor, die breite Promenade Unter den Linden entlang, durch die lange Allee des märchenhaften Tiergartens, den ganzen Weg durch das westliche Berlin bis vor die Tore des Stadions war die Stadt ein erschütternd farbenprächtiges, königliches Fahnenmeer ...

Thomas Wolfe, Es führt kein Weg zurück

MIT NEUBAU

Jeden zweiten Dienstag im Monat erklärt Isidor Kastan auf
der Friedrichsbrücke das, was nicht zu sehen ist. Er erscheint aber nur dem, der wenigstens einmal jene Begebenheit weitererzählt hat: wie Kastan am 20. Oktober
1889 im Lessingtheater bei der Uraufführung von Haupt-
manns »Vor Sonnenaufgang« im fünften Akt eine mitge-
brachte Geburtszange über seinem Kopf schwenkte. Ra-
sender Tumult erhob sich. Schöner Skandal.

Ja, dieser Kastan. Ein ausgezeichneter Journalist, Natur-
wissenschaftler, Kupferstichsammler, Buchkenner, und mit
demokratischem Sinn begabt.

Die Arme auf die steinerne Brüstung der Brücke. Links
das Hotel, rechts der Dom – und nun taucht Kastan auf
und spricht von der äußersten Dürftigkeit der Berliner Bauten bis in die sechziger Jahre seines Jahrhunderts. Er setzt
jedoch voraus, daß wir die Szenerie kennen. Das ist nicht
der Fall. Also läßt er rechts einen anderen Dom erscheinen, von halborientalischem Aussehen. Daneben die Börse.
Erbaut zwischen 1801 und 1805, und schon fünfzig Jahre
später genügt das Haus den Ansprüchen nicht mehr. Kastan nennt es »das alte, unansehnliche Börsengebäude am
Lustgarten« und spricht von einem unvermeidlich notwendigen Neubau. »Er sollte in einem der Bedeutung des neu
erstehenden Berlin entsprechenden Größenverhältnis ausgeführt werden. Auch den Anforderungen der Schönheit
sollte endlich einmal in dem entsetzlich nüchternen Berlin entsprochen werden.«

Das alte Gebäude im Lustgarten wurde nicht abgerissen,

sondern erhielt andere Nutzer. Wir werden es noch einmal benötigen und behalten es im Sinn.

Die neue Börse entsteht am gegenüberliegenden Ufer. Sieh an, auch Kastan spricht von einem »in echtem Material herzustellenden Palast«. Er sollte vor aller Welt »Zeugnis ablegen von der zu Macht und dem Ansehen neben dem Staat gelangten bürgerlichen, kaufmännischen Betriebsamkeit und Unternehmungslust«. Wie bemerkenswert. »Einen auch nur an Bedeutung diesem ähnlichen Bauauftrag hatte bisher eben nur der Staat zu erteilen vermocht. Jetzt erschien zum erstenmal eine bürgerliche Korporation« als Bauherrin: die Ältesten der Berliner Kaufmannschaft. »Es sollte einmal ein Ende gemacht werden mit der bisher üblichen Knauserei. Diesmal sollte der letzte Groschen nicht am Taler fehlen.«

Also kaufte man die dort stehenden Häuser mit Höfen und Gärten teuer ein und riß sie ab. Im Sommer begannen die Arbeiten nach dem Plan des Berliner Baurats Friedrich Hitzig. Grundsteinlegung im Mai 1860. Alles ringsum geschmückt. Die Nachbarhäuser, die Schiffe und Kähne auf der Spree. Das gesamte Staatsministerium war angetreten. Nur der Finanzminister war verhindert ...

Die Börse. Renaissance mit viel korinthischen Säulen und allegorischen Figuren. Über der Mitte eine Gruppe: Borussia schützt und segnet Handel und Gewerbe, Bergbau und Schiffahrt. Auf dem flachen Dach zu sehen die Haupthandelsländer. An den Fingern zum Abzählen: England, Frankreich, Amerika, Italien, Schweiz, Rußland und Deutschland.

Kastan, zurückblickend: »So entstand der prachtvolle Börsenbau als ein Wahrzeichen einer neu hereingebrochenen Zeit, als der Ausdruck eines selbstbewußt gewordenen Bürgersinns.« Und damit verschwindet er wieder, grimmig lächelnd oder gütig, wer will das genau wissen.

Eine Hausordnung flattert vorbei. Börsenbesucher können ihre Freunde nach Eintragung in ein Gästebuch mit in die Börse nehmen. Der Hauptsaal war der größte geschlossene Raum der Stadt. Frauen sind jedoch von dem Besuch der Börsenversammlungen auch als Gäste ausgeschlossen.

Dennoch, auf dem Dach die Borussia. Eine Preußin über allem.

Das Gebäude zerbrach im Zweiten Weltkrieg. Die Börse, die einen Hitler nicht nur nicht rechtzeitig erkannt, sondern sogar angefüttert hatte.

MIT WEIHNACHTSMARKT

1873 bestimmte eine Polizeianordnung, den Weihnachtsmarkt auf dem Platz zwischen Königschloß und Lustgarten abzuhalten. Es blieb nicht die erste, nicht die letzte
Wanderung dieses vorweihnachtlichen Geschäfts. 1891 zog
er in die Oranienburger Straße, zerflatterte in späteren
Jahren als Straßenhandel hier und dort. Dann nutzten die
Nazis auch diese Gelegenheit: Ab 1934 wurde ihr Weihnachtsmarkt im Lustgarten eröffnet.

Dort habe ich ihn erlebt, ein Jahr später, in meinen ersten Berliner Tagen. Eine Bekannte ging mit uns, und ich
tat ihr vielleicht leid, weil meine Mutter mir gar nichts
kaufte – seit wir in Berlin angekommen waren, wurde jeder Groschen mehrfach umgedreht –, so erwarb sie für
mich einen kandierten roten Apfel, worüber ich mich sehr
schämte. Das blieb in Erinnerung an den Weihnachtsmarkt,
der einige Jahre später nicht mehr im Lustgarten zu finden
war, bis er 1945 als erster Nachkriegs-Weihnachtsmarkt
wieder dort auftauchte.

1951 fand er am Alexanderplatz statt, ab 1953 erneut im
Lustgarten, der mittlerweile Marx-Engels-Platz hieß und
durch das abgewrackte Schloß weiträumig geworden war.
Man ging auf Ziegelsplitt. Für 1954 hatten sich die Stadt-
väter die Dresdener Pionier-Eisenbahn ausgeliehen, um
Berlin attraktiver zu machen. Vorn eine zuverlässige eng-
lische Lokomotive, die viel Koks fraß. Ich kannte diesen
Zug; mit dem bin ich schon als kleiner Junge 1932 durch
den Großen Garten gefahren, ehe Hitler kam und diese
Belustigung als eigene gute Tat ausgab.

Zur Berliner Einweihung der Bahn war Wilhelm Pieck eingeladen worden; der erste Präsident der DDR, was nicht alle wissen, weshalb man es mitteilen muß. Man kannte ihn aus der Nähe, weil er manches Mal zwischen den Menschen auftauchte, sich nach einer Kundgebung durchs Gedränge schob, den dicken Bauch vorneweg. Die Leute riefen »Wilhelm!« und machten ihm Platz. Das sind keine Legenden. Einiges habe ich miterlebt, zu anderem habe ich Fotos für die Presse betextet.

Pieck fuhr mit dem ersten Zug durch den Lustgarten im Weihnachtsglitzerschein. Ein fröhliches Spalier. Da entgleiste die Lokomotive in einer Kurve. Indem die Verantwortlichen noch nach Gründen suchten – es konnten nur feindliche Agenten gewesen sein! – und die Sachkundigen sofort die nicht fachmännisch gebetteten Schienen als Ursache erkannten, kletterte der Präsident aus dem Fahrzeug, klopfte sich mit beiden Händen auf den Bauch und rief: »Kein Wunder, wenn einer wie ich mitfährt.«

So war das.

Dann stand der Weihnachtsmarkt ein Jahrzehnt woanders, bis er 1972 wieder im Lustgarten auftauchte. Da verlegte er mir den Weg von der Stadtbibliothek zur Straßenbahn am Kupfergraben. So kam ich zwar schneller über den nun für Fahrzeuge gesperrten Fahrdamm, wurde aber sogleich durch eine Welle von Licht und Lärm aufgehalten, durch viele Menschen und die Idee, daß sich von diesem Weihnachtsmarkt das eine oder andere Geschenk mitnehmen lassen müßte. Das aber wurde vor allem dadurch erschwert, daß alle anderen auch mit dieser Idee hergekommen waren. Und wie stets gab es etliches, was man nicht nötig hat, doch bei den erwünschten Sachen standen so viele Leute an, die sich nicht fragten, ob sie es denn unbedingt haben müßten und ob unbedingt von hier.

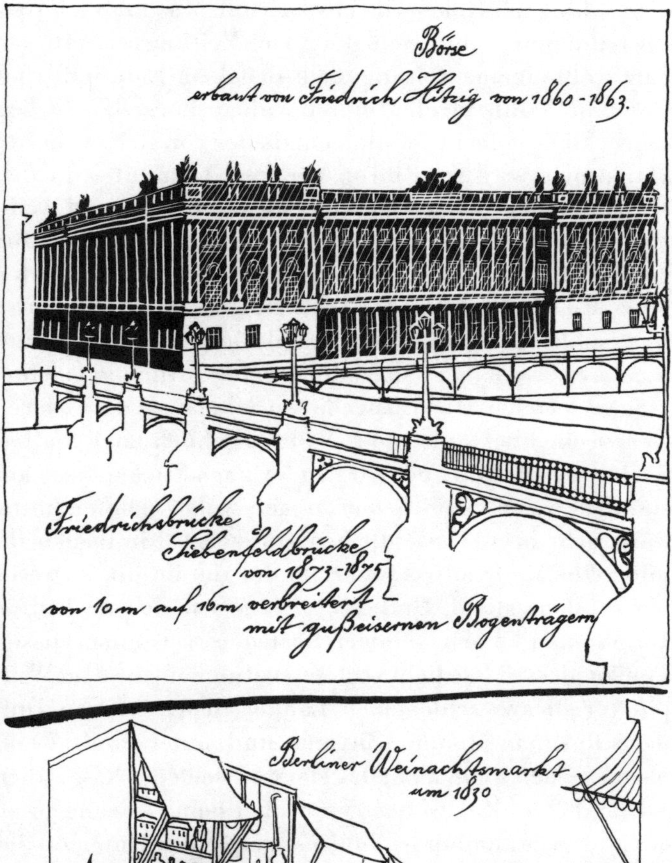

Börse
erbaut von Friedrich Hitzig von 1860-1863.

Friedrichsbrücke
Siebenfeldbrücke
von 1873-1875
von 10 m auf 16 m verbreitert
mit gußeisernen Bogenträgern

Berliner Weinachtsmarkt
um 1830

So schlug ich Haken durchs Gewühl. Was muß ich Gei-
sterbahn fahren, mir genügt, daß ich Zeitung lese. (Diesen
Satz wollte meine Zeitung nicht drucken. Empfindliches
Geschöpf.) Alle drei Minuten gaben Porzellanglocken
schrecklich gepochte Weihnachtslieder von sich, während
antiautoritäre Eltern ihren Kindern Lärmtuten in den
Mund steckten, die es schon zu autoritären Zeiten auf Weih-
nachts- und Rummelplätzen gegeben hat. Da wird es für
viele Menschen eine vorweihnachtliche Erfüllung, den
Marx-Engels-Platz wieder zu verlassen, das soll auch so
sein, schließlich will jeder einmal hiergewesen sein, und
was wäre, wenn jeder sich stundenlang aufhalten möchte.

So geriet ich in eine Eßstraße, wo Schmatzen die anderen
Geräusche übertönte, wo es wunderlieblich nach Waffel-
bäckerei roch und 700 000 Kinder nach Zuckerwatte an-
standen, was zu zwei Bemerkungen Anlaß geboten hätte,
wäre nicht aus weihnachtlichem Dunkel als Kindheitsmah-
nung eine Bude aufgetaucht, an der die Losung »Dresdner Stollen« stand. Und das seltsam Schöne war, kaufen
konnte man keinen, sondern höchstens gewinnen, diesen
Stollen, dessen luftdicht verlöteter Ruhm in alle dem Welt-
postverein angeschlossenen Länder dringt, dessen Duft
nach Rosinen, Mandel, Zitronat und anderem als Weih-
nachtsgeruch wenn nicht das Herz, so doch die Nase rührt.

Und da hier Zulauf herrschte, aber kein Gedränge, weil
ein älterer Mann mit leicht dresdnerischem Unterton das
Ausrufen besorgte, ergriff ich, wie ich es von Lenin gelernt
habe, das Hauptkettenglied, das waren fünf Mark. (Diese
Quellenangabe mußte gestrichen werden, als dieses Feuilleton erstmals erschien. Mag es auch unglaublich klingen,
daß eine DDR-Zeitung den Namen Lenins weggelassen haben wollte.) Und kaum hatte der Mann sein Riesenrad mit
den hundert Nummern gedreht, gewann ich erst einen klei-

nen Stollen, wie er Kindern und Nicht-Sachsen zur Ver-
lockung angeboten werden mag, und danach einen großen, der zwar ein mittlerer war, gemessen an dem in Sach-
sen in Selbstbetätigung hergestellten, hier aber, in Berlin,
bedeutet schon ein mittlerer echter Dresdner Stollen Höhepunkt und Hauptgewinn.

Und ich machte, daß ich davonkam aus dem Weihnachtsmarkt, der mich für meine Unlust nicht beschimpft, sondern mit kindlichem Vergnügen und Gaumenfreude dop-
pelt überzeugt hatte, herrlich, dieser Weihnachtsmarkt.
Aber erst hinter dem Alten Museum, vor der Nationalgalerie, wo es menschenleer ist und sehr still, lachte Scrooge
zweimal ganz laut in den dunklen Abend.

Seit Dezember 1974 hat es im Lustgarten keinen Weihnachtsmarkt mehr gegeben.

UNTERM STRICH

Annemarie Lange: Weihnachten 1918

… das Schloß sah böse aus: Das große Portal zum Lust-
garten war zerschossen, die Fenster waren ohne Scheiben,
mit schief herabbaumelnden Fensterkreuzen. Der ganze
Platz zwischen Schloß und Marstall war schwarz von
Menschen. »Taten« wollten sie sehen, nicht immer bloß
Worte hören, schrie einer mit verbissener Wut. Und wäh-
rend all dieser blutigen Ereignisse ging unbekümmert der
Weihnachtsmarkt seinen Gang.

MIT UNIFORM

An jenem 16. Oktober 1906 wurde hier der Militarismus wenngleich nicht endgültig, so doch nachhallend geschlagen. Vom Hauptmann von Köpenick. Die Kutsche mit dem Bürgermeister fuhr zwischen Schloß und Lustgarten entlang bis zur Neuen Wache, dem Schinkelbau Unter den Linden, der heute als Mahnmal eingerichtet ist.

Winfried Löschburg erzählt davon in »Ohne Glanz und Gloria«.

Und wir lassen wieder den Zeitungshändler kommen. Er hält die Abendausgabe des »Berliner Tageblatt« vom 17. Oktober bereit. Da weiß man noch nicht, wer jener Hauptmann gewesen ist. Man vermutet: »Wär' es nicht denkbar, daß ein genialer Sozi, zum Beispiel Bebel, seine Abneigung gegen den bunten Rock überwindet, den Leib in eine Generalsuniform steckt, eine Rotte Soldaten auf der Chaussee abfängt und den Reichskanzler aus der Wilhelm-Straße geschlossen nach Spandau führt? ›Auf Befehl des Kaisers – !‹«...

Im abendlichen Leitartikel geht es unter der Überschrift »Fetischuniform« ans System: »Muß doch der Soldat sogar die Befehle irrsinniger Vorgesetzter ausführen. Noch heute ist jener Vorgang der sechziger Jahre unvergessen, als ein notorisch irrsinniger Hauptmann in Graudenz seiner Landwehrkompanie den Befehl erteilte, mit gepacktem Tornister einen reißenden Fluß zu durchschwimmen. Die ganze Kompanie wäre ertrunken, hätte sie den Befehl ausführen wollen. Aber als sie sich weigerte und den mit gezogenem Säbel auf sie eindringenden Hauptmann entwaff-

Schuster Wilhelm Voigt

der Hauptmann von Köpenick

nete, da wurde die ganze Kompanie ins Zuchthaus geschickt; einige sind darin gestorben; begnadigt wurde von
Kaiser Wilhelm I. niemand; erst der jetzige Kaiser hat die
letzten der Unglücklichen dem Zuchthaus entrissen.« Das
bedeutet, nach zwanzig Jahren.

UNTERM STRICH

Wie Wilhelm II. durchhielt
Die Lebensmittelvorräte im Berliner Schlosse

Als Mitglied des Berliner Arbeiter- und Soldatenrats hat Wilhelm Carlé das Schloß in Berlin besichtigt, in dem bis zum Ausbruch der Revolution Wilhelm II. wohnte. Carlé hat besonders Interesse für die Lebensmittelvorräte gehabt, die im Schlosse aufgespeichert waren. Hierüber macht er der »Frankfurter Volksstimme« folgende Mitteilungen:

Ich bat den diensthabenden Unteroffizier, mir einmal die Lebensmittel Seiner Majestät zu zeigen, wohlgemerkt die Lebensmittel der kaiserlichen Privathaushaltung, nicht etwa die des Hofstaates.

Bereitwillig führt man mich in die großen Lagerräume. Ich war darauf gefaßt, ein Lager vorzufinden, aber das dort gesehene übertrifft doch alle meine Erwartungen. In großen, weiß getäfelten Kammern stand hier alles, aber auch wirklich alles, was man sich an Lebensmittelvorräten überhaupt denken kann. Nein, ich muß mich verbessern, man kann es sich nicht ausdenken, daß nach vierjährigem Krieg noch solche ungeheuren Mengen von Lebensmitteln aufgespeichert sind. Da finden wir Fleisch und Geflügel auf Eis, Saucentunken in großen Kisten, blütenweißes Mehl in Säcken bis an die hohe Decke aufgestapelt, tausende von Eiern, Riesenbassins mit Schmalz, Kaffee, Tee, Schokolade, Gelees und Konserven jeder Art aufgeschichtet in unendlich scheinenden Reihen. Hunderte von blauen Zuckertüten, Hülsenfrüchte, Dörrobst, Zwieback usw. Man ist sprachlos und denkt unwillkürlich an den alten Witz, daß die Mengen so groß sind, daß ein Mann allein sich davon unmöglich einen Begriff machen kann. Der Wert der Vorräte beläuft sich auf mehrere hunderttausend Mark.

Wenn diese Lebensmittelvorräte augenblicklich nicht besser zu gebrauchen wären, so möchte man vorschlagen, sie unberührt dem deutschen Volke im Nationalmuseum als ein ewiges Zeichen zu erhalten, damit Kinder und Kindeskinder noch sehen mögen, wie in Deutschland, während Millionen hungerten, »Gottbegnadete« durchhielten.

Berliner Tageblatt, 20. November 1918

MIT FOTOS

Davon gibt es viele. Wir blättern der Zeit nach. Nehmen keine Ansichtskarten. Eines der ältesten Fotos zeigt die Siegesfeier nach dem gegen Österreich gewonnenen Kriege. 21. September 1866. Manche denken wohl, es hätte damals noch keine brauchbaren Fotografien gegeben ... Und ob.

Ein rundes Bild. Vom Schloßdach aus aufgenommen. Scharf im Blick der Dom. Das ist noch der alte von Schinkel. Scharf der Turm der Marienkirche. Scharf das Zelt mit den Majestäten. Und schon gar nicht verwackelt die Offiziere und Mannschaften, die als Kriegsameisen den Platz füllen. Vorn unten links die überlebende Reiterei. Es sind wohl Kürassiere.

Das Bild ist tatsächlich rund, kreisrund wie eine Ansichtskarte aus unseren Tagen. Unten am Rand, und das ist sehr interessant, steht mitgedruckt als Quelle: »Photographie v. Emma Planck, Berlin, Mohrenstraße 8«.

Sie war nicht im Vorstand des Photographenvereins, später steht sie nicht mehr im Berliner Adreßbuch. Hat sie ihren Namen durch Heirat eingebüßt? Hat sie sich keinen mehr machen können? Warum verleiht niemand einen Emma-Planck-Preis für weibliche Sicht der Dinge?

»Der Welt-Spiegel«, die »Illustrierte Halbwochen-Chronik des Berliner Tageblatts«, widmete am 16. Februar 1905 seine Titelseite dem Begräbnis des Malers Adolph v. Menzel. Die Trauerfeier fand im Alten Museum statt. Der Sarg war in der Rotunde aufgebahrt. (Das muß man sich mal vorstellen. Weil heute undenkbar.) Das 1. Garderegiment zu Fuß stellte die Ehrenwache. In friderizianischen Uniformen. Durch hohe Blechmützen verlängerte Lange Kerls. Mit ihnen hatte Kaiser Wilhelm II. den körperlich kleinen Maler schon zu seinem 80. Geburtstag als »Maler Friedrichs des Großen« geehrt, besser gesagt: ehren wollen, denn es wirkte eher wie unfreiwilliger Spott, als der Kleine die Front der Riesen abschreiten mußte.

Die »Welt-Spiegel«-Redakteure haben in der Eile den Vornamen falsch geschrieben und dem Maler den erblichen Adel »v.« zugeschrieben, während sein »von« ihm doch bloß verliehen worden war. Feinheiten von einst. Heute schreiben die Museen: Adolph (von) Menzel.

Wilhelm II., ein eigenartiges deutsches Geschöpf, führte den Trauerzug persönlich an. Die Szene vor dem Alten Museum wurde gemalt. Beinahe so, wie der junge Menzel die aufgebahrten Märztoten sah vor dem Schauspielhaus.

Carl Alexander Brendel malte 1905 den kalt-trockenen Februartag. Er malte die ionischen Säulen, die bunte Fahnenfülle auf den Stufen, die graublauen Mäntel, die Tornister, die rot-gelben Friedrichs-Helme, die schwarzbeflorten Trauerpferde.

Als der Trauerzug am Dom zur Schloßbrücke einbog, fotografierte ihn Hugo Rudolphy, der schon beim 80. Geburtstag des Malers das Stativ aufgestellt hatte.

Der 1. August 1914. Es gibt das vielgedruckte Bild mit dem Offizier, der umringt vor dem Schloß die Mobilmachung verkündet. Wie ist einem da zumute? Wie hieß jener? Was wurde aus ihm? Am Mittelpunkt der Geschichte war er. Wie vertrug er den Rand?

Ein anderes Foto zeigt in die Sommerluft gereckte Strohhüte. Es müssen Tausende sein. Geworfen wurden sie nicht. Deutsche Ekstase hält sich in Grenzen. Selbst wenn sich im zweiten Stock auf dem Balkon der Kaiser zeigt. Da kennt er – ohne Mikrophon und Zettel zum Ablesen – »keine Parteien mehr«, sondern »nur noch Deutsche«. Das frißt die Menge. Es bekam ihr schlecht.

Man kommt sich vor wie Glaßbrenners Guckkästner, wenn nun als nächstes Bild erscheint: derselbe Ort, fast dieselbe Menschenmenge. Nein, das wohl nicht. Sie stehen, mit anderen Hüten, die sie auf dem Kopf behalten, am 9. November 1918 wieder vor dem Schloß. Der Kaiser ist ausgerückt. Ein Arbeiter ist es diesmal – wenn wir den Angaben des Fotografen Otto Haeckel folgen –, der von einer Nachkriegs-Tribüne spricht. Es ist ein Sanitätswagen. Der Redner hat seinen Hut abgenommen, hält ihn in der Hand. Stunden nach Ausrufung der Republik. (Für die einen machte das Liebknecht, für die meisten Scheidemann. Hauptsache wohl, daß es geschah.)

Man kann sich denken, was dieser Mann auf dem Rot-Kreuz-Wagen ruft. Zu den versammelten Männern, neben denen auch Frauenhüte zu sehen sind. Der von zwei Pferden gezogene Wagen des Sanitätswesens – hier stehen sie gesenkten Kopfes – gibt diesem Foto etwas Tragikomisches mit auf den Weg, auf den kurzen Lebensweg einer nicht erkämpften Republik.

1921: Wer war dabei? Auf der Museumstreppe viele Menschen. Im Bild eine Musikkapelle und Schilder wie »Nieder mit dem Prozentsystem«, »Verachtung der Streikbrecher«, »Siegen oder untergehen«. Dieser letzte Satz klingt so verdammt vielverwendbar. Hier soll er den streikenden Gastwirtsgehilfen helfen. Sie prangern ihre Arbeitgeber an. »Aschinger Centrale« nimmt den späteren Berlin-Enthusiasten nicht ihr Wohlgefallen vor unentgeltlichen Brötchen in stets nachgefüllten Körbchen. Und das Schild »Eden Hotel« erinnert 1921 wohl nicht mehr jeden an Frau Luxemburg und Herrn Liebknecht?

174

Thälmann spricht. 1932 vor dem Berliner Schloß. Im Redeeifer hat er die rechte Hand zur Faust erhoben. Vielleicht ist es auch der letzte Gruß; fast der letzte, am Schluß der Kundgebung. Auf der Plattform steht ein Mann hinter ihm und hält ein Schild »Redner 3«.

Rechts aber, rechts im Bild kniet eine junge Frau mit Baskenmütze und hält mit beiden Händen die Kamera, blickt ins Publikum, vielleicht zeigt sich ein Bild.

Diese Fotografin heißt Traut Hajdu.Sie ist mir ebenso nah wie Emma Planck. Und ebenso unbekannt.

Wer schreibt endlich über solche Geschichts-Mitschreiberinnen?

*

Zum 21. März 1933, jenem »Tag von Potsdam« genannten Staatsakt in der Potsdamer Garnisonkirche (die hätten die Geschichtsstürmer stehen lassen können als Lehrmaterial), veröffentlichte die konservative Zeitschrift »Woche« eine Gedenkausgabe.

»Eine Kraftwagen-Batterie des Reichsheeres schießt vor dem Berliner Dom Salut.« (Wissen denn die Zuschauer nicht, daß dann eines Tages auf sie gezielt wird? Sie wollen es nicht wissen, denn sie denken, sie seien auf der Seite der Gewinner.) »Überall in Deutschland donnerten zur Mittagsstunde in den Artilleriegarnisonen und Kriegshäfen die Geschütze.« Kriegshäfen ... Man sieht noch ein Rauchwölkchen. Vorn rechts im Bild strammstehende Soldaten. Neben dem Museum die Gaffer.

Das untere Foto: »Auch die Schutzpolizei huldigte der Bedeutung des Tages durch einen Feldgottesdienst vor dem Berliner Schloß.« Mit dem Rücken zum Lustgarten. In der Ferne ein Altar, dessen Kreuz – das zu Haken verbogene – ist erkennbar. Der neue Gott heißt Hitler.

Reichlich hundert Rücken und Tschakos, die gehärteten Polizeihüte jener Tage, und man fragt sich: Wo bleibt das alles? Die Menschen vergehen, neue Befehlshaber entwerfen neue Helme mit neuen Formen und Farben. Wo bleibt, was abgelegt wird? Es muß, oder müßte, Warenlager voller Tschakos geben, irgendwo. Dreihundert Stück bekommen Film, Fernsehen und Theater. Wo bleibt der größere Rest? Aus Stahlhelmen werden nach Kriegen Kochtöpfe geformt; stolz verkündet man es vor der Presse als Friedenszeichen. Aber was wurde aus den geretteten Tschakos? Wir sehen sie auf Fotos im Volksgerichtshof. Wir sehen sie auf Fotos nach der Befreiung. Die Volkspolizei trug welche. Ebenso die Westberliner Polizei.

Als ob das wichtig wäre, Uniformteilen nachzuforschen! Aber sie haben doch so viel Geld gekostet ...

*

Nun nehmen wir das nächste Lustgartenfoto: »(Photo: Heinr. Hoffmann)« steht am Rande. (Warum kürzen Menschen ihren Vornamen ab?) Unser Bild zeigt: »Die Maifeier 1936«. Mindestens 32 Hakenkreuzfahnen sind zu zählen, andere bleiben durch Bäume verdeckt. Auf der Treppe zum Alten Museum ist ein mächtiges Podium errichtet: Hitler spricht auf gleicher Höhe mit der Amazone und dem Löwenbändiger.

Viele winzige Punkte. Jeder ein Erwachsener. Das erinnert an das Foto von 1866, nur daß die Beteiligten noch strammer stehen, schnurgerader ausgerichtet sind, so daß es für Hitlers Leibfotografen Heinr. Hoffmann vom Domdach aus kein großes Belichtungs-Kunststück gewesen ist. Diese Deutschen halten still.

Neun Jahre später. Neun Jahre später kommt Robert
Capa in den Lustgarten. Der legendäre Fotomann, den die
meisten, wenn überhaupt, nur als amerikanischen Kriegs-
berichterstatter kennen. Er war 1932/33 als Zwanzigjäh-
riger in Berlin gewesen, in das er 1945 wiederkehrte und
wo er die erste antifaschistische Gedächtniskundgebung
aufnahm und anderes, darunter ein Bild im Lustgarten.
Der verdienstvolle Geschichtsfoto-Professor Diethart Kerbs
hat es in eine Auswahl genommen: Der Lustgarten. Blick
auf die Domruine mit versehrter Kuppel. Im Vordergrund
Gebäudereste und Figurenteile, die vom Dom zu stammen
scheinen. Schutt und Fußgänger. In der Bildmitte rechts
ein amerikanischer Soldat, der in Richtung Altes Museum
fotografiert. Was für ein Souvenir wird er mitbringen!

*

Nächstes Bild: 16. Mai 1949. »... fand im Berliner Lustgarten eine Großveranstaltung des Gesangs- und Tanz-
ensembles der sowjetischen Luftstreitkräfte statt.« Es war
das zweite derartige Schauspiel nach dem Auftreten des
Alexandrow-Ensembles im Vorjahr. Man darf das nachträglich nicht unterbewerten, mag man auch mit drei, vier
derartigen Schautruppen alle künftigen erlebt haben.
Damals war es wirklich etwas Neues, bedeutsam Völker-
verbindendes, kulturelle Achtung abnötigend. Sie traten
auf im alten Friedrichstadtpalast und im Lustgarten.
Boten ihre klassischen Werke und moderne sowjetische,
dazu Lieder von Schumann und Melodien von Johann
Strauß. 30 000 Zuschauer stimmten am Schluß – spontan
– die »Internationale« an. So war das.
  Im Nachlaß meiner Dresdner Großmutter, dort ausge-
bombt und später in einem sächsischen Dorf gestorben,

177

fand sich ein Foto jenes Gastspiels. Ein echter Abzug. Mit aufgeklebtem Agenturtext: »U.B.z.:« (unser Bild zeigt) »Blick auf den dicht mit Zuschauern gefüllten Lustgarten.« Und darunter mein karminroter Kringel, der Rotstift stammte noch von Großvaters Schreibtisch: »Vorn, 4. von rechts sitzt jemand, den Du kennst.«

Tatsächlich, dort sitzt im Mantel mit Baskenmütze jemand, der als Redakteur in Ausbildung bei der »Berliner Zeitung« zweimal über dieses Gastspiel berichtet hat. Und wenn ich das heute lese, beschämt mein Wortlaut mich nicht. Wie aufgeschlossen waren wir für das Neue.

»Foto: Illus/Heilig«. Illus, die Bildagentur des Berliner Verlages, in der ich als Bürohilfskraft angefangen habe im Mai 1948. Heilig, das ist Walter Heilig, den ich am 4. März 1942 kennenlernte als Mitbewerber um die Lehrstelle im Deutschen Verlag. Dort gaben wir uns am 1. April 1942 die Hand als Lehrlinge. Ich traf ihn wieder im Februar 1948. Auch er hatte überlebt, war Bildreporter beim Illus-Bilderdienst. Ich hatte vergeblich Arbeit gesucht. Er war es, der damals zu mir sagte: »Bewirb dich doch bei uns ...«

MIT LITERATEN

Wer dort drüben an der Spreeseite aus dem Palast der Republik kommt und sich an die Reling stellt (ist es nicht ein Berlin-Schiff, auf dem man hier steht?), wer sich Aussicht gönnt, und es gibt sie bei jeglichem Wetter zu jeglicher Stunde, also, wer das macht, erblickt gegenüber Grünanlagen und braucht etwas Phantasie, um sich dort eine Häuserfront vorzustellen. Bebautes Alt-Berlin.

Nicht genau in der Mitte, sondern ein wenig mehr zum Marstall hin, stand seit 1699 ein Hotel mit dem schönen Namen »König von Portugal«. Wir kennen es gut. Denn Lessing nannte es »König von Spanien«, als er sein Fräulein von Barnhelm samt Franziska dort absteigen ließ (»Wer kann in den verzweifelten großen Städten schlafen?«). Fontane benutzt diesen Gasthof, damit von Vitzewitz in der Neujahrsnacht 1813 »Vor dem Sturm« zum Schloß hinüberblicken kann. 1826 trifft Grillparzer aus Wien ein und wird beim Rasieren gestört durch einen Offizier, der sich als schreibender Kollege vorstellt, de la Motte Fouqué. Als er gegangen ist, greift Grillparzer wieder zum Rasiermesser und schneidet sich so, daß er »chirurgische Hilfe ansprechen« muß. Fritz Reuter läßt in einer Erzählung vier mecklenburgische Bauern vor dem »König von Portugal« auftauchen, wo der Portier sie verjagt, weil sie ihn für den »König ut Portulak« halten. Es war schon immer etwas los in dieser Stadt. (Vor etlichen Jahren hat Karl Voß solche Fakten zu einem »Reiseführer für Literaturfreunde« zusammengetragen, den Werner Liersch 1985 mit »Dichters Ort« ergänzen konnte.)

179

1826 trug sich im »König von Portugal« ein 24jähriger
Stuttgarter ein. Wilhelm Hauff. Dieser literarische Gasthof muß ihn gereizt haben. Die Sängerin Fiametti läßt er
dort wohnen, samt Kapellmeister und Nebenbuhler. Hauff
starb schon im nächsten Jahr am Typhus. Im Titel seines
ersten Buches hatte er einen anderen Gasthof genutzt:
»Der Mann im Mond oder Der Zug des Herzens ist des
Schicksals Stimme«. Der »Mond« ist ein Hotel, und der
Roman eine Parodie auf die Vielschreiber-Serien des Berliner Hofrats Carl Heun, der unter dem Pseudonym Clauren publizierte. Daß Hauff sein Buch unter diesem Namen veröffentlichte, hatte zwei Gründe. Er wollte mit dem
Ruhm des anderen seinen Erstling verkaufen und gleichzeitig Heuns romantische Schwüle lächerlich machen. Das
gelang so gut, daß die Kritik den »Mann im Mond« als Clau-
rens bestes Werk lobte.

Es kam zum Prozeß, den Heun gewann. Aber nun hatte
der junge Hauff einen Namen. Er büßte ihn auf eine
andere Weise ein, bei mir, weil ich als lesehungriger Junge
nie darauf achtete, von wem etwas stammte, und erst viel
später erfuhr, daß er sie alle geschrieben hat: »Die Geschichte von Kalif Storch«, »Die Geschichte vom kleinen
Muck«, »Das Märchen vom falschen Prinzen«, »Zwerg
Nase«, »Phantasien im Bremer Ratskeller«, »Das Wirts-
haus im Spessart«, »Das kalte Herz«, um nur einige zu nennen. Hauff war, wenn auch nur kurze Zeit noch, Redakteur des »Morgenblattes« und hat als einer der ersten
Deutschen mit »Lichtenstein« einen historischen Roman
verfaßt und mit der gleichnamigen Novelle Lion Feucht-
wanger zu seinem »Jud Süß« angeregt. – All das in drei
Jahren …

MIT HALTUNGEN

Zumeist vergessen bei literarischer Rückschau auf die Jahrhundertwende und übersehen von Lyrik-Herausgebern ist Ludwig Jacobowski (1868–1900), der bis zu seinem frühen Tode ein überaus fruchtbarer Dichter, Lyriker und Erzähler war. Über der Darstellung einer liegenden Fackel stehen auf seinem Grabstein auf dem Jüdischen Friedhof in Berlin-Weißensee die Worte: »rastlos, furchtlos, selbstlos«.

In seinen zwischen 1896 und 1898 entstandenen Gedichtband »Leuchtende Tage« nahm Jacobowski einen Zyklus auf: »Der Soldat«, mit dem Untertitel »Szenen aus der Großstadt«. Das ist Lesestoff auf der Bank im Lustgarten:

Der erste Mai

»Abteilung marsch!« – die Bajonette blitzen.
Im Takte stampft der Frühpatrouille Tritt.
Noch sieht er ihrer Helme blanke Spitzen
Und weit noch hört er den gemess'nen Schritt.
Nun steht er hier vor seines Kaisers Schlosse,
Im rechten Arm das glänzende Gewehr.
Vorüber jagen Kutscher, flinke Rosse,
Und Menschenmassen schieben sich daher.

Sonst stand er Wache nur vorm Schilderhause,
Wo die Kaserne auf die Felder schaut.
Nur manchmal wehte von der Stadt Gebrause
Zur engen Vorstadt hin ein schwacher Laut ...

… Arbeiter eilen dort in dichten Zügen;
Weit öffnen die Fabriken ihr Portal;
Uralte Frauen schwatzen auf den Stiegen,
Und Kinder spielen, überreich an Zahl.
Die Mädchen zieh'n vorbei mit bleichen Mienen,
In dünnen Sommerkleidchen aus Kattun;
Und ab und zu, von Sonne überschienen,
Hockt still ein Bettler, um sich auszuruh'n.
Rollwagen rasseln vorwärts ihre Lasten,
Die armen Häuser zittern straßenweit,
Und irgendwo verschenkt ein Leierkasten
Ein Lied von Liebestraum und Maienzeit …

… Da fährt er auf …
Vom Schilderhaus daneben
Ertönt der Wache leiser Warnungspfiff.
Den Blick gradaus, kaum daß die Wimpern beben;
Fest klappt der Kolben im gewohnten Griff.

Ein junger Leutnant kommt. Ein lässig Grüßen,
Errötend sieht's die Nachbarin am Arm.
Jetzt klirrt der lose Degen ihm zu Füßen,
Und weiter wandern sie im Menschenschwarm.

Wie seine Blicke jetzt den Platz umfliegen,
Es braust um ihn mit ungewohntem Schall.
Ein Blühen muß schon in den Lüften liegen,
Denn Sonne, Sonne funkelt überall.

Da plötzlich hallen feierliche Klänge! –
Wie hat er diese Morgenglocken gern.
Er schaut sich um, doch niemand im Gedränge
Vernimmt den Sonntagsgruß von Gott, dem Herrn.

Da fällt ihm ein: »Es sind doch schlimme Zeiten!«
Das rief sein Pastor oft im Kirchenstuhl.
»Die Städte sind voll Lasterhaftigkeiten
Und reif für Satans tiefsten Höllenpfuhl!«

Da plötzlich stockt die frohe Menschenmasse,
Ein Schwatzen, Hasten, Laufen kreuz und quer.
Nun schreitet langsam, wie durch eine Gasse,
Mit trotz'gem Blick ein langer Zug daher.

Tiefrote Nelken nicken von den Hüten;
Im blutig-grellen Schlipse prangt Lasalle;
Die jungen Mädchen tragen Purpurblüten
Im hellen Mieder und am bunten Schal.

So schreitet langsam vorwärts die Kolonne;
Nun wandert sie am Kaiserschloß vorbei.
Die ganze Luft ist golden fast vor Sonne,
Denn heut ist Sonntag und der erste Mai.

Da fängt ein junger Bursche an zu lachen:
»Seht nur den Grenadier am Schilderhaus!
Sein Schießgewehr, das soll uns Beine machen;
Der guckt sich fast nach uns die Augen aus!«

Ein zweiter schreit: »Trägt einer Helm und
    Tressen,
Solch Kerl aus Pommern oder irgendwo,
Der auf dem Lande immer Stroh gefressen, –
Das bleibt ja immer dumm wie Bohnenstroh!«

Als wären seine Finger Eisenzangen,
Umpressen sie das sichere Gewehr ...

Nun ist die Schar an ihm vorbeigegangen,
Nur ein paar Trupps noch ziehen hinterher.
Zuletzt zwei Mädchen in gestreiften Blusen,
Mit lust'gen Augen, rechtes junges Blut.
Knallrote Nelken nicken vorn am Busen
Und rote Schleifen weh'n vom Sommerhut.

Er schaut sie an und bleibt verwundert stehen;
In seinem Blicke glüht es froh und hell.
Die Braune hatte er schon oft gesehen,
Weit draußen oft, die kleine Nähmamsell.

Da fährt er auf ... Vom Schilderhaus daneben
Erneut die Wache ihren Warnungspfiff.
Den Blick gradaus, kaum daß die Wimpern beben,
Und wieder klappt der Kolben fest im Griff.

Der Kaiser kommt! ... Hell klingt der Huf der
    Pferde;
Jetzt schießen sie am Schilderhaus vorbei.
Er steht wie festgewurzelt in der Erde,
Und weithin braust's von Hurra und Geschrei.

Selten mal hat einer sich literarisch darüber geäußert, was im Kopfe eines Wachtpostens vor sich geht. Von außen wird er leicht besungen und fotografiert.

Ich hatte mich 1973 in einem Beitrag für eine Anthologie gegen das Marionettengestelze geäußert und deshalb einen Anruf bekommen von einem der Herausgeber, einem häufiger Gedruckten als Gelesenen. Nicht nur, daß er meinen Wortlaut zu ändern vorschlug, wozu ein Herausgeber schließlich das Recht hat, sondern er las mir am Telefon zu meiner ideologischen Vervollkommnung eines sei-

ner Gedichte vor, die Wachablösung vor einem zwei Flug-
stunden entfernten Gebäude schildernd, die ihn sehr be-
eindruckt haben muß.

Später fand ich in einem seiner Bücher jene Episode, die
ihn geprägt hatte. Er war im Kriege Flakhelfer gewesen.
Das waren Oberschüler, die teils schulunterrichtet wurden, teils soldatisch Dienst tun mußten. Totaler Krieg. Eines
Nachts, als auf britische Bomber geballert wurde, fiel ein
Blindgänger aus dem Kanonenrohr, anstatt im Luftraum
über Berlin zu zerplatzen. Großes Entsetzen in der Batte-
rie. Explodiert die Granate gleich zwischen uns? Da er-
greift Jener das sich undeutsch benehmende Geschoß und
trägt es auf den Armen weit weg. Dazu gehört Mut. Und
Opferbereitschaft, wie man damals sagte. Der Blindgänger blieb tot. Aber seither hat der Kollege sich angewöhnt,
die vermeintlichen Blindgänger aus unserer Stellung zu
schaffen: Solschenizyn, Biermann und so weiter ...

Ich war empört darüber, weil er mir als oberbelehrender
Zensor sein Gedicht vortrug als Maßstab, und habe ihn
am Telefon beschimpft. Seither mochte er mich.

Die beanrüchigte Stelle habe ich damals nicht umge-
schrieben, sondern herausgenommen. Sie lautet: »Den Bau
schuf Schinkel 1818 als ›Neue Wache‹. *Ich bin zwar kein
sonderlicher Freund vom Militärwesen, doch muß ich
gestehen, es ist* – (das Kursive stammt von Heinrich Heine)
– mir wichtig, unsere neue Wache dort zu sehen. – Die
Lehrer gehen mit ihren Schülern vorbei auf dem Wege ins
Museum für Deutsche Geschichte. – Und die Kinder betrachten die Posten. Ob eines denkt: Warum stehen sie so
eingefroren? Der Mensch bewegt sich, sagt Marx, hat der
Lehrer gesagt. Sie könnten sich uns doch beweglich zeigen.
Auf und ab gehen, langsam, würdig, eben mit der untrüg-
lichen Gelassenheit des Sozialisten.« So war das 1970 in

Neue Wache
1816–1818 von Friedrich Schinkel erbaut
Giebelrelief – Nike mit Kämpfenden
1842 von August Kiß nach
Schinkels Entwurf vollendet

meinem Buch gedruckt worden. Und 1973 paßte diese Stelle nicht in eine Heine-Anthologie?

Dieser Satz des jungen Heinrich Heine stammt aus seiner Beschreibung Berlins. Er geht über den Lustgarten, da gefallen ihm, ungeachtet, daß er *kein sonderlicher Freund vom Militärwesen* ist, die preußischen Offiziere, die er dort zusammenstehen sieht. Man könnte denken, daß nicht alle Heinrich-Heine-Preisträger Heine gelesen haben.

MIT 750 PFERDEN

So schrieb die Zeitung, weil die Zahl so schön zum Stadt-
jubeljahr 1987 paßte. Es sind dann aber doch bloß 627
Pferde gewesen, so viele immerhin, die beim großen Fest-
umzug mitmachten. »Reit- und Zugpferde, vom edlen
Warmblut für Reiter aller Arten und Epochen bis zum
schweren Kaltblüter vor dem Brauereifuhrwerk, werden
mit von der Partie sein. Die treuen Vierbeiner spielen tra-
gende Rollen, wenn Standartenreiter, Fanfarenbläser und
gar Napoleon hoch zu Roß dahertraben, sie legen sich
kräftig ins Geschirr, um Quadriga, Kremser, Bauernhoch-
zeitskutsche oder Pferdeomnibus zu ziehen.« So die »Berliner Zeitung« zwei Tage vor dem 4. Juli, dem großen Tag.
     Hinterher hat mir ein Kollege vom Pferdesportverband
Einzelheiten erzählt, an die man nicht gleich denkt. Es standen Tierärzte mit Beruhigungsspritzen für alle im Lustgarten bereit, auch der Abdecker. Es mußte für entsprechende
Mengen Butter vorgesorgt sein, zugleich aber auch für die
sichtbaren Zeichen der Verdauung, denn solche Berge Pfer-
deäpfel konnten selbst die Spatzen nicht vertilgen. Für die
abzuschätzenden Mengen Urin war das Gartenbauamt zuständig gemacht vorden.
     Alles ging gut. Es gab keinen Zwischenfall.

UNTERM STRICH

Berliner Zeitung, 9. Mai 1888

Durchgehende Pferde führten gestern Mittag im Lustgarten eine tumultarische Szene herbei. Die Tiere, vor den Wagen des Dr. Lazarus gespannt, scheuten und rasten, aller Anstrengung des Kutschers sie zu zügeln spottend, durch Dick und Dünn nach dem Dom zu. Quer durch die Parkanlagen ging die tolle Fahrt, bis die Tiere mitten in einem Bosquet erschöpft stillstanden. Das eiserne Gitter der Einfassung war zertrümmert, ein Splitter des Geländers war einem der Tiere in die Weichen gedrungen und hatte eine tiefe Wunde hinterlassen. Der Insasse des Wagens, Herr Dr. Lazarus, war während der Fahrt aus dem Gefährt gesprungen und auf das Pflaster gestürzt. Von Passanten in eine Droschke gehoben, ordnete er seine Überfahrung nach dem Krankenhaus an. Der Kutscher kam mit dem Schrecken davon.

MIT VARIATIONEN

David Friedländer (1750–1834), Freund und bedeutendster Schüler von Moses Mendelssohn, 1812 als erster Jude Stadtrat in Berlin, erinnerte sich später an eine Begebenheit:

»Moses Mendelssohn ging mit Professor Engel im sogenannten Lustgarten lustwandelnd auf und ab. Ein berauschter, seinem Dialekt nach polnischer Soldat bleibt mit an der Seite gestemmten Armen stehen und stößt die gemeinsten Pöbelworte gegen den buckligen Juden aus. Da darauf nicht geachtet wird, geht er den Männern nach, und ist nach Stellung und Handbewegung im Begriff, den kleinen Mann mit wiederholten Schimpfreden am Ohrläppchen zu ziehen. Engel, der zur Rechten Mendelssohns geht, darüber empört, hebt seinen Stock, um den Unverschämten tätlich abzuwehren. Aber der gleichmütige Weltweise fällt ihm schnell in den Arm. ›Nicht doch! Freund, lassen Sie dem unglücklichen Sklaven die Freude, einen Juden ein wenig necken zu dürfen.‹ Engel konnte den Vorfall nie ohne Rührung erzählen. ›Den liebreich ironischen Ton des edlen Mannes‹ – setzte er hinzu – ›kann ich nicht nachmachen.‹«

*

Moses Mendelssohn ging mit Professor Engel im sogenannten Lustgarten lustwandelnd auf und ab. Ein berauschter, seinem Dialekt nach Berliner Soldat stößt die gemeinsten Pöbelworte gegen den buckligen Juden aus. Der Professor, darüber zwar empört, hebt nicht seinen Stock, um den Unverschämten tatsächlich abzuwehren. Der Weltweise greift selber zu: »Geben Sie her, mein Bester!« und prügelt den uniformierten Lümmel hinweg.

*

Moses Mendelssohn ging mit Professor Engel im sogenannten Lustgarten lustwandelnd auf und ab. »Würden Sie, Verehrter, Ihren linken Arm mit der Aktenmappe ein wenig höher halten, damit man den Judenstern nicht gleich sieht«, sagt Professor Engel, dem wir im Jahre 1942 zugute halten wollen, daß er sich überhaupt mit einem Gebrandmarkten öffentlich sehen läßt.

*

Moses Mendelssohn ging mit Professor Engel im sogenannten Lustgarten in Berlin lustwandelnd auf und ab. Ein stocknüchterner Obersturmbannführer nähert sich und spricht auf den Juden ein: »Wenn Sie mir bitte bescheinigen wollen, daß ich nie einem Juden ein Haar gekrümmt habe ...« Mendelssohn scheint wohlwollend zu überlegen. Der Professor, darüber empört, hebt seinen Stock, um den Unverschämten tätlich abzuwehren. »Nicht doch, Freund! Lassen Sie einem Juden doch die Freude, einen SS-Mann ein wenig necken zu dürfen.« Engel konnte den Vorfall nie ohne Rührung erzählen. »Den liebreich ironischen Ton des edlen Mannes kann ich nicht nachmachen.«

*

Moses Mendelssohn ging im sogenannten Lustgarten lustwandelnd auf und ab. Ein seinem Dialekt nach zeitgenös-

sischer Geschichtslehrer geht an ihm vorbei und stößt
gemeine Pöbelworte gegen die historische Wahrheit aus,
über die er nach Stellung und Handbewegung ein Kapitel
zu verfassen beabsichtigt. – Mendelssohn möchte den
Unverschämten am Ohrläppchen zupfen, höchstens das,
aber ein nicht betrunkener, seinem Dialekt nach russischer Spaziergänger nimmt tatsächlich den Juden beim
Arm:»Nicht doch, Freund. Lassen Sie dem Unglücklichen noch ein bißchen die Freude an der Geschichte, wie
er sie auswendig gelernt hat ...« – Mendelssohn konnte
den Vorfall nie ohne Rührung erzählen. »Den liebreich
ironischen Ton des toleranten Genossen würde ich gern
weiterempfehlen.«

UNTERM STRICH

Zarenehrung

4. Juni 1896. Der Berliner Lustgarten hat im Laufe der Zeiten mancherlei Wandlungen durchmachen müssen. Als der erste preußische König das alte Schloß durch Andreas Schlüter und seinen Rivalen Eosander von Goethe prächtig ausbauen ließ, erhielt auch der Lustgarten seinen besonderen Schmuck. Aber das wurde anders unter dem »Königskorporal«, seinem Nachfolger Friedrich Wilhelm. Die schönen Anlagen verschwanden, der Platz wurde mit dikkem Sand und Kies überstreut, der dann festgestampft wurde – aus dem Lustgarten wurde ein Exerzierplatz, auf dem der Soldatenkönig über seine großen Grenadiere Revue abzuhalten pflegte. Seit dieser Zeit fanden hier nur dann und wann, bei festlichen Gelegenheiten, militärische Schauspiele statt, und es war eine Erinnerung an alte Zeiten, als vor einigen Tagen wieder einmal die Fronten blitzender Uniformen zwischen den Bosketts und Hecken und Rasenrondells sichtbar wurden. Der Kaiser hatte für den Tag der Moskauer Krönung als Ehrung für das befreundete Zarenpaar eine Parade des Alexander-Gardegrenadierregiments und der zweiten Gardedragoner, zu deren Chef jüngst die Kaiserin von Rußland ernannt worden ist, anbefohlen. Obwohl die Order erst in letzter Stunde erfolgt war, hatte sich doch ein zahlreiches Publikum eingefunden, das den Kaiser, der in russischer Infanterieuniform erschien, mit stürmischen Hochrufen begrüßte. Der stattlichen Erscheinung des hohen Herrn steht die einfach geschmackvolle russische Uniform besonders gut. Er ritt einen prächtigen Fuchswallach und sprengte, von seiner

Suite und dem Hauptquartier umgeben, im kurzen Galopp an die Front der Truppen heran, sie mit einem »Guten Morgen« begrüßend, das mit einem kräftigen, einstimmig dröhnenden »Guten Morgen, Majestät« beantwortet wurde. Die kurze Ansprache des Kaisers über die Bedeutung der kleinen Feier schloß mit einem Hurra auf das Zarenpaar ab. Dann klang die russische Nationalhymne, und die beiden Regimenter defilierten in Kompagnie- und Eskadronskolonne an ihrem höchsten Vorgesetzten vorüber. Die Offizierskorps folgten nach beendeter Parade der Einladung des Kaisers zum Frühstück in das Schloß.

Fedor v. Zobeltitz

MIT ZEITRAFFER

Wieviel Kundgebungen mag es hier gegeben haben zwischen 1918 und 1933? Wären sie zu zählen?

*

11. Mai 1920: »Hände weg von Sowjetrußland!« Es war der Protest gegen die Intervention. Redner von der KPD und der USPD.

*

1. Mai 1922: 600 000 Arbeiter demonstrieren für gute Beziehungen zur Sowjetunion. Für die hatte Walther Rathenau gesorgt, als er im April den Rapallo-Vertrag unterschrieben hatte. Dafür, und weil er Jude war, ermordeten ihn am 24. Juni auf offener Straße völkische Terroristen; Offiziere, die das seit Liebknecht und Luxemburg gewohnt waren. »Der Schuß galt dem Juden und traf die Republik«, schrieb Chefredakteur Otto Nuschke in der »Berliner Volkszeitung«.

Um anzuklagen, strömten die Menschen zum Lustgarten. »Zu Sonntag Vormittag 11 Uhr hatten die beiden sozialistischen Parteien, die Kommunisten und verschiedene Vereinigungen der Anhänger der Republik zu einer Massenkundgebung aus Anlaß der Ermordung Rathenaus in den Lustgarten einberufen«, meldete die »Welt am Montag« am 26. Juni 1922. »Auffallend war die große Zahl der mitgeführten Fahnen, die vor allem natürlich die rote Farbe, daneben aber auch die neuen Reichsfarben

195

[schwarz-rot-gold] zeigten. Die Kundgebung selbst begann mit einem grellen Mißklang. Als nämlich um 11 Uhr die vorgesehenen etwa 20 Redner beginnen wollten, erhob sich das Glockengeläut des Domes, gegen das dann die Menge mit lautem Rufen und Pfeifen protestierte und schließlich den Gesang der Internationale anstimmte.«

An jenem Sonntag strömten »Riesenmassen zum Lustgarten, instinktiv, im Trauma, jeder an der Masse Gleichgesinnter, Betäubter Halt suchend.« So beschreibt es mein alter Freund in Jerusalem, James Yaakov Rosenthal, als ich ihn gebeten hatte, mir ein paar Erinnerungen an den Lustgarten mitzuteilen. Er hatte nicht an dieser Kundgebung teilgenommen, sondern »zu dieser Stunde war ich, noch Gymnasiast, im Reichstag und hörte Reichskanzler Dr. Wirths Anklagerede mit dem Schlußsatz: ›Dieser Feind steht rechts.‹«

Aber von der Kundgebung zwei Tage später kann Rosenthal sagen: *Ich bin dabeigewesen:*

»Zur Stunde der Beisetzung in Niederschöneweide waren im Lustgarten – in Wahrheit mit dem Lustgarten als Mittelpunkt vor Schloßfreiheit und dem Platz vor dem Opernhaus, über die Straße Unter den Linden, zur Spreebrücke und Burgstraße und längs Kupfergraben bis zum Kastanienwäldchen und zur Nationalgalerie – mindestens eine halbe Million Menschen versammelt. Lautlos, mit zusammengebissenen Lippen, und doch nun endlich nach den Mißhandlungen der Republik durch ihre scheinrepublikanischen Lenker, auf schlackenfreies Neubauen von Republik und Gesellschaft hoffend, Kommunisten, Sozialdemokraten ›beiderlei Gestalt‹, republiktreue Kleinbürger, Zentrum-Demokraten der ehrlich-linken Berliner Spielart, wirklich loyale hohe Beamte, die Besten von Kunst und Wissenschaft. Im Geist alle um die Bahre des jüdischen

Walther Rathenau 1867-1922

Vorwärts

Alfred Polgar
Verantwortung

197

Märtyrers geschert, der Herkunft, Glauben und den bahn-
brechenden Rapallo-Pakt mit Sowjet-Rußland büßen
mußte. Auf der Museumstreppe stand und sang Berlins
edelster Vokalmusikkörper, der Arbeitergesangverein, diri-
giert von seinem Kapellmeister und Bildner Alexander
Weinbaum, auch Dirigent eines Synagogenchors.

Keine Wut-Sprechchöre, kein Wortwechsel, ja, kein Wort
außer den wenigen Reden. Lautlos geeint strömten die Massen ab, in gewohnter, fast überbetonter Disziplin. Was dann
folgte: über den Dresdener ›Staatsstreich von oben‹ gegen
Zeigners SPD-KPD-Regierung Sachsens, Papens Preußen-
Staatsstreich bis Hitler, Untergang jeder Spur von Kultur
und Moral, Judenausrottung in fast ganz Europa – ist bekannt.«

*

»Nie wieder Krieg!« Zu dieser Kundgebung hatte der »Vorwärts«, das sozialdemokratische Zentralblatt, zum 31. Juli
1921 aufgerufen. Das Andenken, An-Denken, an den 1. August 1914, an die Kriegserklärung. »Das ist der Tag, an dem
sich die Ursache all unseres Jammers, allen Elends der Welt
zum siebenten Male jährt ...« So dachten auch die USPD,
die Syndikalisten und bürgerlichen Pazifisten. Es hatte
schon im Vorjahr solche Kundgebung stattgefunden, diesmal aber hatten sich die erwähnten Organisationen offizi-
ell an einer pazifistischen Veranstaltung beteiligt.

Ein Foto. Im Hintergrund die Säulen des Alten Museums. Vorn und überall: Hüte. Gesichter. Ein offenes Auto
im Vordergrund. Zwei sitzende Damen. Die Frau Albert
Einsteins und Francis Neillson, eine amerikanische Pazi-
fistin. Stehend, vermutlich redend, mit einem Papierbün-
del in der Hand, es können Aufrufe sein: Maud v. Ossietzky.

Viele haben damals zu den Versammelten gesprochen.

Schauspieler, und von der Domtreppe der Pfarrer
Bleier.

Der »Vorwärts« hatte vorbereitend auf seiner zweiten
Seite ein Feuilleton von Alfred Polgar abgedruckt, das 1919
zuerst erschienen war in dem Band »Kleine Zeit«, dessen
Titel sagte daher all jenen viel, die gerade eine »Große
Zeit« hinter sich hatten. Das Feuilleton heißt »Verantwor-
tung«. Warum soll es nicht wieder einmal erscheinen?

Alfred Polgar: Verantwortung

*Die leitenden Staatsmänner und Generale übernehmen
»die Verantwortung« für das Schicksal, das sie den Völ-
kern auferlegen.*

Aber was heißt in dem Fall: Verantwortung?

*Einer ungeheuren Verantwortung müßte doch ein unge-
heures Risiko dessen entsprechen, der sie übernimmt.*

*Ein unterernährter, müdegearbeiteter Motorführer, der
durch ungeschicktes Lenken seines Wagens ein Malheur
anrichtet, wird eingesperrt.*

*Was geschieht dem Staatsmann, der durch ungeschicktes
Lenken des Staatswagens ein Malheur anrichtet?*

Er geht in Pension.

*Wenn durch des Motorführers Verschulden ein Mensch
getötet wird, wandert der Motorführer auf Jahre ins Gefängnis.*

*Wenn der Feldherr nutzlos, erfolglos Zehntausende sei-
ner Soldaten in den Tod geschickt hat, was erwartet ihn?*

*Ein Häuschen im Cottage. Dort pflanzt er, in einem ver-
schnürten Samtrock und das Käppi auf dem Haupt, Ro-
sen. Seine Lieblingssorten. Und schreibt Memoiren.*

»Ich übernehme die Verantwortung«, sagt der Minister

so und so. Vor der Größe und dem kühnen Stolz dieses Wortes erbleichen die Zeitgenossen.

Aber es steckt gar nicht das geringste dahinter.

Verantwortung ohne Sühne, deren Ungeheuerlichkeit der Ungeheuerlichkeit jener entspräche, ist ein leeres Wort.

Den Motorführer richten die Gerichte.

Den Staatsmann und den General richtet die Geschichte.

Sie überlassen ihr – so sagen sie im kritischen Fall – »ruhigen Herzens das Urteil«!

Großartig, was? Erschütternd, wie?

Der Herr Minister übernahm die Verantwortung? Halt einen Augenblick! Wieviel Jahre Zuchthaus also, falls die Sache schief geht? Oder wie oft wünschen gehängt zu werden?

Was würde Exzellenz darauf antworten? »Ich überlasse das Urteil ruhig der Geschichte.«

Und in der Tat haben jederzeit die Verantwortlichen auch nur dann die Konsequenz aus ihrer Übernahme der Verantwortung ziehen müssen, wenn das Volk Geschichte gespielt hat.

Heutzutage müßte sogar die Verantwortung für Bäume und Gewässer übernommen werden, es sei denn, das Urteil wird der Nachwelt überlassen.

*

1922. Die Abendausgabe der »Berliner Volks-Zeitung« vom 27. Juli bringt auf der dritten Seite als Nachricht: »*Drei Minuten Gehör. So* heißt der Prolog, den Theobald Tiger für die diesjährigen ›Nie-wieder-Krieg‹-Demonstrationen gedichtet hat. Bei der am Sonntagmittag im Lustgarten stattfindenden Demonstration werden u. a. die nachstehenden Berliner Schauspieler diese Verse vortragen.« Es folgen Namen, unter denen mir Albert Florath, Alexander Granach, Hans Rodenberg und Leo Menter bekannt sind.

Das Gedicht von Kurt Tucholsky, das ich erschüttert erst nach dem Zweiten Weltkrieg las, zu lesen bekam, wurde für diese Kundgebung geschrieben. Daher der Titel »Drei Minuten Gehör«. (Ich muß meinen Freund, den Oberschul-Direktor, anrufen und ihn um Auskunft bitten, ob es noch in unseren Lesebüchern steht.)

Achtzig Verbände beteiligt, fünfzehn Schauspieler, dreißig Redner. Man sieht auf den Fotos jener Tage im Menschengewühl hochgereckte Schilder mit der Aufschrift »Redner«. Es ist die Zeit ohne Mikrophon, ohne Verstärker und Beschallung. Unter dem Wort Lautsprecher konnte ein weithin vernehmbarer Redner verstanden werden.

Einer der Redner konnte noch sechzig Jahre später die Passage »Zum ewigen Frieden« auswendig hersagen, »womit er seine Rede damals auf der Kundgebung begonnen hatte«. Das schreibt mein Kollege Helmut Hauptmann über seinen Vater, der sich nicht mehr erinnern konnte, wer alles dabei war. Da stöbert der Sohn in »den mürben Zeitungen von 1922« – die Berliner Stadtbibliothek hat sie – und entnimmt »ihnen mit etwas verwundertem Respekt«, wer neben seinem Vater auf der Rednerliste stand.

Was haben uns die Väter nicht erzählt?

Wir Nachfahren suchen in der von dreißig Parteien und Organisationen einberufenen Friedensdemonstration vergeblich die Vertreter der KPD. Müßte sie nicht an der Spitze ...?

»Nie-wieder-Krieg-Rummel« schrieb damals die »Rote Fahne« im voraus über die Kundgebung und zitierte den »Berliner-Lokalanzeiger«, eines der reaktionärsten Blätter: »Für den kommenden Sonntag planen jene Kreise, die vor der *Lächerlichkeit* keine Angst haben, einmal wieder eine jener ewig schönen Kundgebungen: *Nie wieder Krieg!* bei denen Mann, Weib und Kind zwecks *ewiger Sicherung des Weltfriedens*, bannerschwingend und ›Hoch‹ und ›Nieder‹ rufend, *spazieren* gehen.« Der Lokalanzeiger verhöhnt die Friedenssehnsucht und vergleicht sie mit einer gegen die Gestaltung des Wetters gerichteten Demonstration »Nie wieder Gewitter«. Und die »Rote Fahne«, diese Version übernehmend, meint: »In der Bewertung der ›Aktion‹ sind wir gezwungen, der Bourgeoisie *recht* zu geben.«

Waren nicht vier Jahre zuvor, am 9. November 1918, Revolutionäre in die Redaktion dieses »Berliner Lokal-Anzeigers« eingedrungen? Und hatten die 2. Abendausgabe als Nr. 1 einer neuen Zeitung »Die rote Fahne« erscheinen lassen! Mit der Schlagzeile »Berlin unter der roten Fahne«.

»Du mit deinem schlimmen Gedächtnis ...«, sagt jemand zu mir. »Einige Geschichtsschreiber werden diese Zitate, werden solche Erinnerung nicht mögen!« Sollen sie. Aber daß ich traurig Versäumnisse Versäumnisse nenne und als Nachgeborener Fragen an die Vordermänner stelle, weil ich den mir von Nachgeborenen gestellten Fragen nicht ausweichen möchte, das muß man schon zugestehen.

Die Kundgebung am 30. Juli 1922 hatte nicht den erhofften Erfolg. Die sozialistischen Parteien und die Gewerkschaften hatten ihre »offizielle Beteiligung« abgelehnt, wer weiß warum, aber viele Mitglieder und Sympathisanten waren erschienen. Dazu ausländische Gäste. Tschechoslowakische Kriegsverletzte und englische Kriegsdienstverweigerer. Ein Foto zeigt lesbare Plakate: »Die Waffen nieder«, das war Bertha von Suttners Geschoß, oder »Keinen Pfennig, keinen Mann dem Militär!«, wer hatte das zuerst gesagt, Bebel? Oder Liebknecht?

Da die Beteiligung nicht ganz so stark war wie im Vorjahr 1921, versickerte die Friedenskundgebung im Alltag. Was mußte die »Berliner Volks-Zeitung« den »auf die Wahrung ihrer ausschließlichen Kommandogewalt so sehr bedachten« Vorständen der sozialistischen Parteien und Gewerkschaften ins Gesicht sagen? »Sie werden Mühe haben, das hämische Lob der militaristischen Presse abzuwehren ...«

Blieb übrig ein Feuilleton, vor der Kundgebung gedruckt, in dem es heißt:

»In der Straßenbahn jauchzt ein dreijähriges Kind auf dem väterlichen Arm. Alle Augen blicken freundlicher drein, und selbst der Schaffner mit dem martialischen Feldwebelschnurrbart lächelt. – Vater und Kind steigen aus. Jemand sagt: ›Zwanzig Jahre später wird es in irgendeinem Drahtverhau verrecken ...‹«

Zwanzig Jahre später ... 1942, es stimmt genau.

Und wenn ich an den Jahrgang 1922 denke, an jene, die gerade geboren wurden, als man im Lustgarten »Nie wieder Krieg« erflehte und erbetete, errungen glaubte und erreicht – ein paar Überlebende, Geprägte wie Franz Fühmann haben darüber Bücher geschrieben.

*

Der Lustgarten gehörte allen, solange es eine Demokratie gab. Die Beamten ließen einen Protestmarsch dort in einer Kundgebung ausklingen. Die Groß-Berliner Arbeitersportler werben »für die möglichste Ausbreitung des Arbeitersports«. Im Mai 1921 fordern junge Menschen »die Erhaltung des Achtstundentages, Jugendschutz und Jugendrecht«. Mit vielen Fahnen stehen sie vor Granitschale und Museum. Mädchen mit Rucksäcken, junge Arbeiter.

Gemeinsam mit der Republik entwickelt sich der Platz.

Wird demokratisches Forum. Wo anders als hier könnte die Republikfeier sein im August 1922?

Die »Berliner Volks-Zeitung« beschreibt die Selbstverständlichkeit, mit der man kommt. »Schon früh füllte sich der Lustgarten. Dichte Menschenmassen drängten sich um den Altan des Museums und um jene Stufen und Denkmäler, die sich, im Gegensatz zu ihrer eigentlichen Bestimmung, im Laufe der letzten Jahre immer mehr zu ungemein postierten Rednertribünen herausgebildet haben.«

Die »Berliner Volks-Zeitung« ist ein Kind der Achtundvierziger, der 1848er. Die Zeitungen sind mittlerweile alle tot. Die letzte war die »Weltbühne«, sie traf es nach 1991.

*

Carl von Ossietzky: »Nie wieder Krieg!« in »Die Friedenswarte« im Juni 1923:

»Der ›Friedensbund der Kriegsteilnehmer‹ ... hat in den Monaten vor und nach dem Kapp-Putsch, namentlich in Berlin, tüchtig gearbeitet. Daß er sich nicht dauernd hielt, lag im wesentlichen an den Kämpfen zwischen den drei sozialistischen Parteien, die die besten Kräfte der deutschen Linken absorbierten ...

Ohne Zweifel haben diese Kundgebungen eine nicht zu unterschätzende Bedeutung gehabt. Sie wurden in der ganzen Welt, überall wo man sehen und hören konnte und wollte, als Ausdruck des Friedenswillens des deutschen Volkes gewertet und haben manches Vorurteil beseitigt ...

Kein nationales Banner kann verhindern, daß die Sehnsucht nach Frieden in den Massen spontan durchbricht, wenn durchaus undoktrinär und überparteilich ein ganz schlichter unmißverständlicher Satz an die tiefsten menschlichen Wünsche rührt ...«

Die »Rote Fahne«: »Am 1. Mai demonstrierten rund 500 000 Berliner Werktätige im Lustgarten. Sie sahen zum erstenmal die proletarischen Hundertschaften.« Die »Rote Fahne« anderntags: »Das waren nicht mehr Arbeiter, die im Festanzug oder aus Parteidisziplin ruhig und gemütlich am 1. Mai demonstrierten ... Das waren Arbeiter, die die Gefahr des Faschismus erkannten, die bereit sind, diesen Angriff des Faschismus auf die Arbeiterklasse abzuschlagen ...«

Zehn Jahre später, 7. Februar 1933. Hitler ist acht Tage an der Macht. Am Abend strömen die Menschen aus allen Himmelsrichtungen zum Lustgarten. Wilhelm Hoegner, der damals 46jährige Sozialdemokrat, erinnert sich:

»Fackeln lohten und blaugelbe Feuer brannten aus riesigen Becken, die zahllosen Spitzen der Fahnenstangen blitzten im Dunkel auf. Der Parteivorsitzende Otto Wels hielt eine seiner weithin hallenden Ansprachen, aber sie zündete nicht, die Menge blieb dumpf und stumm. Dann ereignete sich vorne bei der Versammlungsleitung ein Zwischenfall. Der Vorsitzende der kommunistischen Reichstagfraktion, Ernst Torgler, verlangte das Wort. Um einen Einheitsfrontaufruf zu verlesen.«

Kam Torgler von einer Tagung des Zentralkomitees der KPD aus Ziegenhals? Stromaufwärts gelegen an der Spree, die den Lustgarten umfließt. Es war die letzte Tagung, an der Ernst Thälmann teilnehmen sollte. Er hatte die politische Situation analysiert und zur Aktionseinheit der Arbeiter aufgefordert: Die Hitlerregierung war gefährlicher als angenommen. Man müßte sie stürzen.

Wilhelm Hoegner erinnert sich, daß einige Dutzend Anhänger Torglers laut seinen Namen riefen. »Aber eine kommunistische Rede war im Programm nicht vorgesehen, man lehnte ab. Der Versammlungsleiter (Otto Wels) teilte das

der Menge mit der seltsamen Begründung mit, daß sonst
ein weiterer sozialdemokratischer Redner die Ausführun-
gen Torglers erst wieder berichtigen müßte.«

»Wahrscheinlich wollte man nicht den Anschein einer
gemeinsamen sozialdemokratisch-kommunistischen Kundgebung wecken. Gerüchte von einem bevorstehenden Verbot der Kommunistischen Partei gingen um. Da galt es
wohl, den Trennungsstrich recht deutlich zu ziehen. Die
beiden Arbeiterparteien, die noch immer über ein Drittel
des deutschen Volkes vertraten, waren auch nicht einig geworden, als Hitler ans Ruder gekommen war. Man hatte
kein Vertrauen zueinander ...

Die ungeheure Volksmenge im Lustgarten nahm die Mitteilung über Torglers verhinderte Rede teilnahmslos auf.
Sie gab überhaupt an diesem Abend kein Zeichen von
Kampfesfreude oder Siegeszuversicht, sondern blieb ernst
und stumm. Noch lange verharrte sie schweigend, als wartete sie auf irgend etwas. Dumpfer Trommelwirbel tönte aus
Seitenstraßen über den riesigen Platz. Fackeln und Feuer
erloschen. Es war, als verabschiedete sich die Berliner Arbeiterschaft von der sterbenden demokratischen Republik.«

*

Es war die vorletzte Kundgebung der »Eisernen Front«,
einer Sozialdemokratischen Schutz- und Kampfformation;
gegründet Anfang 1932, wohl zu spät. Die Republik, zu
deren Rettung die »Eiserne Front« sich angesichts des dro-
henden Faschismus formierte, hatte als Kampfzeichen drei
parallele Pfeile. Noch am 1. Mai 1932 auf der Maikundge-
bung: Triumphierend zeigt man dem Fotografen eine er-
beutete Hakenkreuzfahne, auf der das Signum der »Eisernen Front« aufgenäht ist, die drei Pfeile, die auf rotem

Untergrund die drei Kampfprinzipien Einigkeit, Aktivität und Disziplin symbolisieren. Ernst Thälmann an diesem 1. Mai 1932 im Lustgarten: »Wir sagen allen Arbeitern: Die Stunde ist gekommen, wo ihr dem Faschismus eine einheitliche kämpfende Front entgegenstellen müßt ...«

*

Der Lustgarten ist für mich, und ich habe heute gut darüber schreiben, auch ein Stück Ohnmacht. Da liegen die Fotos. 1928: Demonstration gegen den Panzerkreuzerbau. Die Versammelten, und das Bild zeigt viele Frauen, sind gegen neue Kriegsschiffe. Doch die wegen ihrer antiimperialistischen Wahlversprechen gewählten Sozialdemokraten beschließen am 10. August, sobald sie in der Regierung sitzen, den Panzerkreuzerbau. – Es standen auch andere vor dem Schloß im Lustgarten. »Gegen den Raub des Privat-Eigentums« steht auf ihrem Schild. Deutschnationale demonstrieren 1926 gegen die von Demokraten aus allen Schichten mitgetragene, von der KPD initiierte Massenbewegung für die Enteignung der seit der Novemberrevolution gestürzten deutschen Fürsten. Am 20. Juni 1926 stimmen von 15,6 Millionen am Volksentscheid Beteiligten 14,5 Millionen für die entschädigungslose Enteignung der Fürsten. Aber die Regierung ließ sich dadurch nicht stören. – Wer in den Lustgarten ging, ging noch nicht auf die Straße.

Die letzte Berliner Kundgebung der »Eisernen Front« am 19. Februar 1933. Von einem mit roten Fahnen verkleideten Lastwagen sprach Franz Künstler, der Vorsitzende des SPD-Bezirks Berlin, zu den Versammelten. Es waren nicht mehr 200 000 wie zwölf Tage zuvor.

Dreizehn Jahre später steht auf einem Spruchband zu lesen: »Im KZ waren wir einig!«

Die erste große Berliner Gedenkkundgebung für die Opfer des Faschismus nach dem Kriege. Dicht gedrängt die Menschen im Lustgarten an diesem 22. September 1946. Vor dem Alten Museum, wo heute die Granitschale steht, war ein provisorisches Mahnmal errichtet worden, umgeben von einem Blumenmeer.

Eine Bildunterschrift: »Die Zeugen des heimlichen Deutschlands. Für die bedeutenden illegalen Kampfgruppen sprachen: Aenne Saefkow (für die heldenhafte Saefkow-Gruppe), Prof. Dr. Havemann (Europäische Union), Fritz Ziegler (für die jugendliche Heini-Kapelle-Gruppe), Ruthild Hahne (für die Schulze-Boysen-Gruppe), Werner Haberthur (für die christliche Widerstandsbewegung), Erich Wichmann (für die Gruppe Beppo Römer), Gräfin Yorck von Wartenburg (für die Männer des 20. Juli).«

*

Mit Zeitraffer: Kundgebung im Lustgarten am Abend des 10. November 1989. Auf den Stufen des Alten Museums die SED-Führung mit Egon Krenz. Mit erhobener Faust singend. In der Nacht war die Mauer geöffnet worden. Es gab kein Zurück.

Das Foto der Kamera-Künstlerin Barbara Klemm hält die Situation als Schwanengesang fest: Doch links im Bild und rechts neben Krenz ist zu sehen Berlins rüpelhafter SED-Chef Schabowski, dem sein Amt schon lange zu Kopf gestiegen war. Bald wird er sich rühmen, den Anstoß zum Umfall der Mauer gegeben zu haben. Hinter seiner Stirn bewegt sich Machtstreben.

Noch singen sie. Am weitesten das Maul aufgerissen hat Schabowski. Das nützt ihm nun auch nichts mehr.

UNTERM STRICH

Heinz Kamnitzer: 3. Juli 1932

Bisher hatte ich gehört und gelesen, wozu die Polizei im-
stande ist. Wir nannten sie die Grünen – wegen der Farbe
ihrer Uniform. In Neukölln, am Wedding und um den Alex
sprach man mehr von der Polente. Aber selbst kannte ich
nur den Schutzmann, der Streife läuft, das Mütterchen
über den Damm führt, den Verkehr regelt und im Ortsre-
vier hinter einer Barriere sitzt und Ausweise ausstellte.

Selbstverständlich hatte ich bereits erfahren, man müsse
nicht nur die Gesetze befolgen, sondern die Ordnung an
sich respektieren. Aber dergleichen war für mich Theorie,
nicht einmal grau, eher farblos. Das zweite Gesicht der Hü-
ter der Gesellschaft hatte ich noch nicht kennengelernt.

Das änderte sich an dem Sonntag, da der Max mich in
den Lustgarten nahm. Meine Eltern hatten zugestimmt,
wenngleich ungern. Doch gegen einen Umzug für die Republik war wohl nicht genügend einzuwenden gewesen. So
durfte ich mit.

Wir fuhren stadtwärts und schlossen uns am Marstall
den Menschen an, die am Schloß vorbeischlenderten, als
irgendwo ein Lied begann und sich durch die Reihen fortsetzte. Nicht alle beteiligten sich, doch die Verse waren zu
verstehen. Wir marschieren, so hieß es da, trotz Haß und
Hohn, und rote Flieger schützen die Sowjetunion.

Die Polizisten, die uns stumm flankiert hatten, brüllten,
was ich nicht ausmachen konnte, und benutzten Trillerpfei-
fen. Während ich mich fragte, was sie damit wollten, ritten ihresgleichen hoch zu Roß heran. Sie drängten sich
längs der Reihen und schrien herunter, wir sollten aufhö-

ren, aber sofort. Doch der Gesang wurde lauter und klang nun wie eine Fanfare. Eine Kommandostimme befahl, die Knüppel heraus. Die Pferde ritten in uns hinein, und die Schlagstöcke tanzten auf unseren Köpfen. Wir rannten, stolperten, fielen, bluteten, stöhnten, fluchten und höhnten.

Mir schien alles wie eine Sinnestäuschung, fast wie ein Schauspiel, dem ich selbst zusehe. Gleichzeitig empfand ich, was mir da widerfuhr, als ganz natürlich. Ich war weder erstaunt noch entsetzt. So und nicht anders mußte es sein, wenn man die Obrigkeit herausfordert. Man konnte doch nicht erwarten, sie werden uns, die wir die Revolution besangen, ungeschoren lassen.

Ich erinnere mich nicht mehr, wie wir nach Hause fanden. Aber ich wußte von dem Tag an, daß in der bürgerlichen Demokratie die Macht sich nach rechts neigte und nach links zuschlägt, wenn sie unsicher wird. Und ich bin mir bewußt, daß seitdem Unruhe mich so ausfüllte und aufbrauchte, daß zuwenig übrigblieb, um zu genießen, was die Erde ansonsten zu bieten hat. Wenn ich es recht bedenke, ging ich von nun an noch weniger froh und oft wie benommen durch die Zeit.

MIT SÄULEN

Heine, als er 1822 am Lustgarten entlangging, erwähnt eine dort aufgestellte Marmorsäule, sagt aber nicht, wen er sah. (Das ist eine Aussage!) Es handelte sich um die Statue des Fürsten Leopold von Anhalt-Dessau. Den Erfinder des Gleichschritts. Als sich Schinkel mit seinem Museum näherte, wurde diese Figur in Marsch gesetzt, bekam einen anderen Standort, solcherlei verschwand aber nicht restlos: In den letzten Kriegstagen 1945 stand ein mit Treibstoff beladenes Militärfahrzeug vor dem Museum, explodierte, und das Haus brannte aus. Nur wer davon weiß, bemerkt die Spuren.

Neuerdings steht Schinkel überlebensgroß in Bronze neben dem Eingang zu seinem Museum. Er hält dessen Grundriß in der Hand, und zwar so, daß wir die Anlage erkennen. Die ihm zugekehrte Seite des Blattes ist unbeschrieben. Also nicht: »Der Baumeister, schöpferisch gestimmt«, sondern: »Seht ihr, so wollt' ich's haben.« Deutlich sind auf dem Blatt die Säulen durch Vertiefungen markiert. Da kann jeder nachzählen, wo er gerade steht, und ahnt selbst zu Schließzeiten, wie es im Innern aussieht.

Vorn die Front der achtzehn ionischen Säulen. Ionische Säulen sind die anmutige Mitte einer Entwicklung. Ich merkte sie mir daran, daß nach dem Vorbild dieser spiralförmig eingerollten Ornamente der Erfinder der Schreibmaschine das Farbband angeordnet hat.

Vorher gab es die dorischen Säulen. Das ist Beginn. Harte Arbeit, Stirnrunzeln, Tüchtigkeit: streng und humorlos. Ist das geschafft, bleibt Zeit zum Spielen. Der ionische Säu-

lenmann dreht mit einem Finger eine Locke seiner Gelieb-
ten, dann mit beiden; und weil Männer dabei meist noch
an etwas Nützliches denken, fällt ihm ein, so das Köpf-
chen seiner Säulen zu schmücken.

Eines Tages wird die Anmut von Reichtum verdrängt.
Nun haben wir es ja, nun können wir uns Prunk leisten,
wir sind doch wer. Die korinthische Säule ist erreicht. Sie
trägt die Pracht.

Wer bis zur Straße geht, sieht vor der Brücke am Dom
korinthische Säulen. Wer nach rechts über die Brücke geht
und am Museum für Deutsche Geschichte vorbei, kann do-
rische Säulen mustern, wo die Soldaten stehen. Es ist alles
beisammen in Berlin.

Bronze-Schinkel sieht erleichtert aus. Man hat ihn nicht,
beispielsweise, vor die »Schinkel-Klause« gestellt, wo er,
touristenwerbend, eine angeklammerte Speisekarte in der
vorweisenden Hand ...

Ein Besucher unterbricht diesen Gedankengang. Mit dem
Stadtplan in der Hand fragt er dich, was das für Spitzen
sind, dort geradeaus in der Ferne.

Dachdreiecke sind ihm aufgefallen. Es ist die Gaststätte
des Wohngebiets Fischerinsel. Und Sie machen bestimmt
Eindruck, wenn Sie ihn fragen: »Ach, Sie meinen die hyper-
bolischen Paraboloide?« Er meinte aber die Nikolaikirche.

MIT SPITZEN

Es war ein Jahrhundertereignis. Die Nikolaikirche, das älteste architektonische Baudenkmal Berlins, bekam ihre beiden neuen Türme aufgesetzt. Seit Monaten hatten sie neben der ehemaligen Kirche bereitgestanden, die zum Stadtjubiläum (1987) fertiggestellt sein sollte und für Museumszwecke genutzt. Die Türme waren auf der Erde montiert, zu zwei Dritteln eingedeckt und mit einer Kupferhaut überzogen worden. Ihre goldenen Turmknöpfe lockten Spaziergänger an.

Die Nikolaikirche, 1244 urkundlich erwähnt, trug seit 1514 einen Turm. Der stand bis 1880. Damals bekam sie einen Doppelturm, der auch für Jahrhunderte gedacht war, aber nur bis zur Bombenhölle von 1944 aushielt.

Im Stadtbild sehen die beiden neuen Turmhelme wie ihre Vorgänger aus. Die wurden seinerzeit über dem Sockel aufgebaut; von unten nach oben, wie das immer üblich und nie anders möglich gewesen ist. Am 20. August 1982 aber kamen die Turmspitzen von oben nach unten an ihren Platz.

Ein Mobilkran des VEB Industriemontagen Merseburg hob und hievte sie fünfundvierzig Meter hoch und setzte sie auf den massiven Turmteil, wo Monteure des Metall-Leichtbaukombinats Leipzig sie millimetergenau auf den Stahlbetonringanker schraubten. Das wurde von drei Meßpunkten aus reguliert.

Merseburg, Leipzig ... Die Stahlkonstruktion kommt aus Berlin. Aber auch Hoyerswerda, Nauen und Oechseltal sind beteiligt an diesen hauptstädtischen Türmen. Wer in Bildern denken kann: Das ist eins.

Nikolaikirche
Älteste Pfarrkirche Berlins
1981 bis 1987 wiederhergestellt und wird museal
genutzt

Heilige-Kreuz-
Kapelle
von
1459

Liebfrauen-
kapelle
von
1452

Sah man vom Molkenmarkt aus die dreiundvierzig Meter hohe Turmspitze unten auf dem Betonsockel stehen, bis sie ganz langsam angehoben wurde – als ob sie selber es tat –, war das wie der Start einer liebenswerten Rakete in einen Weltraum, in dem sie nichts weiter tun muß als bleiben.

Wie oft kommt an einem historischen Bauwerk solch technische Spitzenleistung vor? Ist das keine öffentliche Angelegenheit? Wohl kaum, denn nur eine Zeitung kündigte sie an. Daher gab es bloß einige hundert Zuschauer, als früh gegen acht der erste Turm nach oben schwebte. Nach fünfunddreißig Minuten war fürs Auge alles getan.

Die zweite Spitze, die mit der goldenen Wetterfahne, auf der ein Berliner Bär eine Biertonne zu greifen scheint; Kunst und Kitsch wieder mal beisammen; es kann als Symbol und Mahnung aufgefaßt werden. Dieser andere Turmhelm erforderte wegen des zunehmenden Windes viel Können vom Steuermann im Kran und viel Körperkraft von den Männern an den Halteseilen und den Monteuren oben. Eine Meisterleistung. Über die dann hinterher etwas in den Zeitungen stand. Anstatt daß möglichst viele Menschen das Ereignis miterlebten, als einmaligen Feiertag, ohne Aufwand, ein kostenloses Volksfest. Und davon würden sie einst ihren Enkeln erzählen. Nun werden sie denen berichten von der Geheimnistuerei, die so weit geht, daß nicht einmal öffentlich ist, was der Nachwelt in dem Turmknopf dort oben überliefert wird: eingeschweißt sind außer Stadtplan, Zeitungen und Münzen Beschlüsse jener Art, die zu studieren wir ständig angehalten werden. Ja, hätte man die Bevölkerung bitten können zu einem unwiederholbaren Ereignis ihrer Hauptstadt? (Oft sollen sie »in Massen« erscheinen.) Und war das Aufsetzen der Türme etwa kein Schauspiel, ein Genuß vollendeter Arbeitskunst? Wenn

wenigstens ein paar tausend Kinder eingeladen worden
wären ... Nun müssen ihnen die Lehrerinnen unser Dasein wieder theoretisch erklären.

UNTERM STRICH

Neues Deutschland vom 27. April 1951

Auf Vorschlag des ZK der SED beschloß der demokratische Magistrat von Groß-Berlin, den Lustgarten, den Schloßplatz und die Schloßfreiheit in Marx-Engels-Platz umzubenennen. Die Schloßbrücke erhält den Namen Marx-Engels-Brücke.

Die feierliche Umbenennung des Platzes wird am 1. Mai vor Beginn der Mai-Kundgebung erfolgen.

Neues Deutschland vom 17. November 1994

Der Verkehrssenat hatte zu einem »kleinen Festakt« gebeten, um den Marx-Engels-Platz in Schloßplatz umzutaufen.

MIT VORBEHALT

Die Schloßbrücke stand lange ohne ihre historischen Marmorfiguren. Die hatten den Krieg, sorgsam verpackt, überlebt und lagerten in Westberlin. Nicht das einzige so geteilte Bau- und Kunstwerk.

Und es begab sich zu der Zeit, als 1981 Dr. Hans-Jochen Vogel für eine gewisse Zeit Regierender Bürgermeister wurde von Berlin (West), daß er als Zugereister mit dem nötigen Abstand und Blick für Zusammengehörendes –, kurzum, man verhandelte und tauschte schließlich die Brückenfiguren gegen das Archiv der KPM, der Königlichen Porzellan-Manufaktur, das bisher im Märkischen Museum gelegen hatte.

Restauriert gelangten 1983 vier Gruppen und im Jahr darauf die restlichen auf ihre Brückensockel. Zeitungsjubel brach aus. »Eine der schönsten Brücken Berlins« – man beachte die Zurückhaltung, es hieß nicht »der Welt«.

Es ist eine schöne Brücke. Ein Stück Berliner Bau- und Kunstgeschichte aus dem 19. Jahrhundert. Auferstanden aus Ruinen. Aber etwas seltsam wirken sie schon, diese kriegerischen Paarungen. Schinkel hat sie entworfen, jedoch ihr Aussehen nicht mehr erlebt. Er hatte sie sich ein bißchen anders vorgestellt. Damals war die Erinnerung an die Kriege gegen Napoleon noch frisch. (In mir sträubt sich immer etwas gegen den Ausdruck »Befreiungskriege«, denn das waren sie schließlich nicht. 1813/15 nie ohne 1819.) Schon dem König war auf der Brücke eine zu direkte Verkörperung der Erhebung Preußens nicht genehm. Daher der Rückzug auf die Antike.

Acht Figurengruppen, acht Bildhauer: acht Stationen, acht Situationen aus dem Kämpferleben, wie das in kunstgeschichtlichen Betrachtungen heißt. Es beginnt, wie kann es anders sein, mit dem Schluß: »Nike krönt den Sieger.« Er bekommt einen Eichenkranz, sieht ihr dabei ins Gesicht, dieser passablen Person, die ihn eher mit sich erfreuen könnte, hätte sie nicht diese scheußlichen Gänseflügel auf dem Rücken.

Die nächsten drei Gruppen sollen auf ihre Weise patriotisch verführen. Ein Knabe wird von Erzieherin und Lehrerin zurechtgebogen mit »Heldengeschichte« und »Speerwerfen« und schließlich »bewaffnet zum ersten Kampf«. Marx und Engels, nach denen diese Brücke genannt ist, hätten vermutlich gefragt: Verdun? Stalingrad? Wir sind nämlich mitten in der nicht ganz spurlos vergangenen, wie noch an Gebäuden zu erkennen, deutschen Geschichte.

Auf der gegenüberliegenden Brückenseite des Knaben »Auszug in den Krieg«. Dazu den Originaltext von 1985: Minerva, eigentlich als Göttin der Weisheit und der Künste tätig, »gestikuliert mit der Linken, um den Krieger anzuspornen«. Hunde, wollt ihr ewig leben? »Sie hält einen Lorbeerkranz als Lohn des Sieges.« Davon werden die Einarmigen viel halten.

Beim »anstürmenden Jüngling« (Langemarck?) rennt sie nebenher und hält Schild und Speer. Es muß uns doch gelingen. (»Gott mit uns« stand auf den deutschen Koppelschlössern.)

Falls es schiefgeht, »stützt« die »Siegesgöttin« Nike »den verwundeten Krieger«. Für Niederlagen ist offenbar keine zuständig. Weil ihm der Lorbeerkranz sichtlich scheißegal ist, trägt die Göttin das Gebinde, das sich auch als Grabschmuck eignet. »Ihr Blick ruht mitleidig auf dem verwundeten Krieger, der sich auf seinem Schild abzustützen versucht.« Schinkel wollte einen völlig zusammengebrochenen Halbtoten. Die aber führt man nicht öffentlich vor. Daher zeigt der Bildhauer – wieder Zitat 1985 – »einen Menschen, der trotz seiner Verwundung nicht aufgibt und bis zum Sieg weiterkämpft«. Die Dame, der wir diese Kunstbeschreibung verdanken, hat sicher nie einen Verwundeten erlebt geschweige denn schreien hören. Sonst hätte sie solche Zeile nie geschrieben oder von den Vorbeschreibern übernommen. »… bis zum Sieg weiterkämpft« – woher will sie das wissen? Und sie denkt nicht an einen der irregeleiteten Hitlerjungen, die fanatisiert »bis zum Sieg weiterkämpfen« wollten, weil man sie mit Darstellungen wie auf dieser Brücke dazu erzogen hatte.

Die Trennung von Kunst und Politik, sie ist hier erreicht. Wem darf man dazu gratulieren?

Das Faltblatt ist vorzüglich gedruckt. Man kann die Marmorgruppen viel gründlicher betrachten als im Vorübergehen. Und von den Herausgebern und Gutachtern hat keiner gesagt: Sieh mal, Brigitte, du mußt doch an diese historischen Figuren ein bißchen historisch herangehen. Im Umfeld dieser in die Luft gesprengten Brücke sind vor vierzig Jahren viele junge Männer, blutend und zerfetzt, armselig verreckt. Du bist doch in unsere Schule gegangen, Brigitte, hast an Friedenskundgebungen teilgenommen, womöglich gegen den Krieg in Korea oder Vietnam protestiert, Chile und Nicaragua nicht zu vergessen, und Berlin soll da bloß noch Kunstgeschichte sein?

Auch mir hat man *Heldengeschichten* und *Speerwerfen* beigebracht, mich *bewaffnet* und mit mehr als bloß *Lorbeer* gelockt. Und wenn nicht weit von hier das Blücher-Denkmal steht – man soll es stehen lassen, aber nicht aus Ehrfurcht. Dieser Blücher, alljährlich durch Kranzniederlegung geehrt, hat nachweislich seine Soldaten angefeuert:

Marx-Engels-
Brücke

1983 und 84
wurden die
Figuren-
gruppen
wiederaufgestellt

Der siegreich Gefallene
wird von Nike
zum Olymp
getragen

von August Wredow

»Pardon wird nicht gegeben, Gefangene nicht gemacht!« Ein Kriegsverbrecher. Vielleicht hätte man ihn in Nürnberg gehängt. Mit solchem Befehl ein Hitler-Vorbild; der ließ die sowjetischen Kriegsgefangenen abschießen oder verhungern und ihre Kommissare sofort hinrichten.

Kunst heißt weglassen. Geschichte heißt nicht weglassen. (Das wäre ja noch schöner!)

Bleibt nach antikem Vorbild zum Schluß die Farce. Gruppe Acht: »Iris, den gefallenen Helden zum Olymp emportragend«. Auch hier setzt Brigitte verschmitzt den siegreich errungenen« Frieden voraus. Die Götter feiern. Recht hat sie. Die Götter feiern immer. Sogar die siegreichen Götter behandeln die unterlegenen Götter, hier Feldmarschälle, wie ihresgleichen.

An dieser Figur »Iris und so weiter« arbeitete August Wredow »von 1841 bis 1857«. Gab er sich solche Mühe? Keineswegs, denn nur widerstrebend hatte er den Auftrag übernommen. Sein eigener Vorschlag zur Brücke war abgelehnt worden.

Monatelang stand das Bestellte als Tonmodell unberührt in seiner Werkstatt. Als Ludwig Pietsch zu Besuch kam und unter dem nassen Tuch nachschaute, war der Leib des Helden mit Pilzen bewachsen. »Ein besonders großer und stattlicher sproßte aus seinem Nabel.« Als Wredow ihn entfernte, lächelte er ironisch. Selbstironisch. Und wartete noch vier Jahre, bis er sich an den Marmor machte. Von oben drängte ihn keiner. Die Brücke sollte gar nicht fertig werden, denn es gab eine Prophezeiung. Wenn die Brücke restlos vollendet sei und alle Figuren aufgestellt, würde die Herrschaft des regierenden Königs enden. 1857, auch Wredows Gruppe mußte endlich enthüllt werden, brach das Gehirnleiden des Königs aus. Wohl kein Grund, Bauwerksvollendungen bis in unsere Zukunft zu verzögern …

MIT MIR

Heute bin ich hergekommen, um mir das Schloß vorzustellen. Die es abzureißen befahlen, sind lange tot. Können sich nicht rechtfertigen. Mir aber auch den Mund nicht verbieten. Dennoch kann ich das Schloß nicht herbeireden. Auferstehung findet meist auf Papier statt. Es bleibt geduldig, solange ich mir nicht alles gefallen lasse.

Was hat mich das Schloß je gekümmert? Als Junge nahm ich es kaum wahr, habe es nie besucht; auch der Abriß der wiederaufbaufähigen Ruine ist an mir spurlos vorübergegangen. Jetzt lese ich von Gutachten, vom Umgang mit Denkmälern preußischer Geschichte in unserer Frühzeit. Der Abriß hat 180 Tage gedauert, der Luftangriff Minuten, der Bau Jahrhunderte.

Man könnte einen Zitatenkampf führen. Die alten Zeitungen existieren ja noch. Die Eingaben, Denkschriften, Reden sind nachzulesen.

Ein Zitat wollen wir mitnehmen aus der Denkschrift von Richard Hamann (1879–1961), Nationalpreisträger 1949 und Akademiemitglied, an den Berliner Oberbürgermeister Friedrich Ebert am 8. September 1950: »Mögen auch noch so viele Beschlüsse vorliegen, ehe nicht die Sprengladungen ihr unheilvolles Werk getan haben, ist es nicht zu spät, daß Menschen diesen Beschluß zurücknehmen, den Menschen gefaßt haben.« Gegen den gesunden Menschenverstand helfen weder Sprengladungen noch Beschlüsse.

Es hat, wenn ich mich recht entsinne, keine Volksbefragung gegeben. Unbeteiligt hätte ich womöglich und wohl gar wahrscheinlich damals für den Abriß gestimmt. Ich will

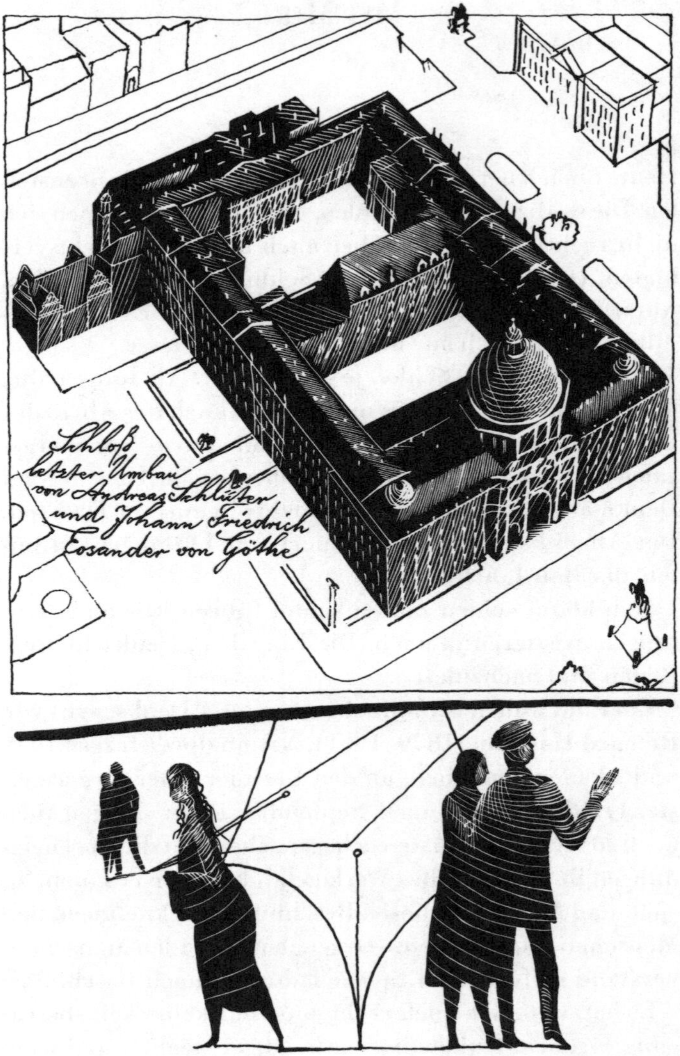

Schloß
letzter Umbau
von Andreas Schlüter
und Johann Friedrich
Eosander von Göthe

mich nachträglich nicht heraushalten, bin aber ein wenig klüger geworden.

*

Einmal am Winterabend, es war in den siebziger Jahren, ich kam aus dem Alten Museum, wo es eine Chagall-Ausstellung anzusehen gab, es war wohl die erste in diesem Land DDR, blieb ein Ehepaar vor mir stehen. Ein Offizier in der Uniform der Sowjetarmee mit seiner Frau und fragte, zum Dom deutend: »Ist das der Reichstag?«

Er ist es nicht, wie wir wissen, und zum Reichstagsgebäude konnte man dem interessierten Paar nur die Richtung weisen, damit es betrachten könnte, ohne näherzutreten.

So seltsam oder gar lächerlich war seine Frage nicht. Wenn man beide Kolosse betrachtet, im Dunkeln ...

Den Dom mit dem Reichstag verwechseln ...

Der Reichstag, dieses legendäre Haus, das wohl nur einmal Weltaufmerksamkeit erlangte. Als es ausbrannte. Noch heute streiten sich die Historiker, wer ihn angezündet hat.

Ich halte auch den Sturm auf den Reichstag als anschauliches Kriegsende im Mai 1945 für eine tragische Verwechslung. Sie hat zu viele Menschenleben gekostet, sowjetische. Was war schon der Reichstag? Seit jenem Feuer im Februar 1933 eine ausgebrannte Ruine, unbenutzt. Nie ein tonangebendes Haus. Weder das Ermächtigungsgesetz, das Hitler mächtiger machte, noch der Krieg wurden hier ausgerufen und bejubelt. Wozu der blutige Ansturm? Für die endgültige rote Fahne des Sieges bot sich eher das Brandenburger Tor an. Hitler aber, den beizeiten zu erobern ein Regiment Fallschirm-Ranger sich freiwillig gefunden hätte, bestimmt, er hockte unter der wegen ihres Namens von Ausländern leicht mit dem Reichstag zu verwechselnden Reichskanzlei.

Wenn ich von meiner Bank so schaue, da verschwindet der Palast der Republik ebenso wie das Schloß. Dann steht dort nur die Tribüne für die großen Aufmärsche, von denen ich mich an zwei erinnere.

Eifrige können ja in alten Zeitungen nachblättern, wann das war. Als Nikita Chruschtschow (1894–1971) nach Berlin gekommen war und im Lustgarten, nein, auf dem überfüllten Marx-Engels-Platz zu den Berlinern sprach. Ich mochte ihn. Weil er meinem Großvater Heinrich Knobloch (1872–1933) ähnlich sah, von ferne. Und vor allem, weil er wie ein Mensch reden konnte und auch so sprach. Mögen die Nachfolger ihn weglassen, was daran zu merken sein wird, daß jüngere Leser dieser Zeilen mit seinem Namen nichts anzufangen wissen – ich werde diesem Nikita Chruschtschow Respekt erweisen. Auch deshalb, weil man mich 1979 in Moskau nicht zu seinem Grab ließ; der ganze Nowodewitschje-Friedhof mit Tschechow, Majakowski und so weiter blieb verboten.

Also, jener Tag auf dem Marx-Engels-Platz. Wir alle hingeführt. Chruschtschow in seiner Rede, von der ich alles vergessen habe, bis auf dies eine: Er zeigt auf Anastas Mikojan, der neben ihm steht, und sagt, sinngemäß, aber für mich wortwörtlich mein Leben lang: »Hier, Anastas Mikojan, er hat im Krieg einen Sohn verloren. Ich habe einen Sohn verloren. Ist es nicht Zeit, in der Welt Frieden zu machen?!«

Einfachen Menschen, wirklich einfachen Menschen, kommen bei solchen Worten die Tränen. Auch wenn sie es bloß lesen.

*

Die andere Erinnerung, das muß 1955 gewesen sein. Zum zehnten Jahrestag der Befreiung Berlins.

Wir standen vor der Tribüne auf dem Marx-Engels-Platz. Ein Frühlingstag. Wie gesagt, es muß im Mai gewesen sein. Marschall Shukow sprach. Er hatte 1945 die Sieger befehligt.

Von seiner Rede blieb ein Satz haften in der Erinnerung. (Es ist ja wirklich merkwürdig, woran sich jemand erinnert. Fragt doch mal die Leute.)

Also, Marschall Shukow sagte in seiner selbstverständlich in russischer Sprache gehaltenen Festrede etwas, das sein Dolmetscher in folgende Worte brachte: »Die Deutsche Demokratische Republik hat unter den anderen Nationen wieder einen recht mäßigen Platz eingenommen.«

Wir jauchzten über die Formulierung. Was konnte der arme, fremdsprachige Übersetzer dafür. Die Zeitung druckte es korrekt anderntags. Aber gesagt ist gesagt. Ein unfreiwilliger Witz. Das sind die Nuancen, mit denen wir weiterleben.

Und weil wir gerade bei den Erinnerungen sind ... 1949, zum 70. Geburtstag des Allmächtigen, des auf allen Zeitungsseiten zum Gott und Übergott erhobenen Stalin ... (Wer's nicht glaubt, zahlt einen Taler und blättert im Lesesaal in den Blättern vom 21. Dezember 1949 – es möge aber niemand über die damals verantwortlichen Politiker und Chefredakteure spotten!)

Einblendung:
Als Napoleon seinen Verbannungsort Elba verlassen hatte, landete er am 1. März 1815 an der französischen Küste. Am 20. März zog er in Paris ein. In diesem Zeitraum lauteten die Schlagzeilen der Pariser Zeitungen:

»Das Ungeheuer ist entwischt, kann aber unseren Truppen nicht entgehen«

»Der Tyrann ist in Lyon«

»Bonaparte nähert sich mit raschen Schritten«
»Napoleon wird morgen in Paris sein«
»Gestern Abend hielten Seine Majestät der Kaiser Einzug
in die Tuilerien – Alles ist voll unbeschreiblichen Jubels«

Es war selbstverständlich, daß jedes, aber auch jedes Pres-
seorgan auf der Titelseite ein großes, wenn nicht ganzsei-
tiges Foto des Generalissimus und »weisen Führers« Stalin
zu bringen hatte. Unvorstellbar, daß jemand diese Weisung
nicht befolgte.

Bis auf einen. Es war der Chefredakteur der vielgelese-
nen Zeitschrift »Der Hund«.

*

Es gibt ein Lustgarten-Foto von der Rückkehr der Spa-
nienkämpfer. Damit waren seinerzeit – 1938 – die deutschen Interventen gemeint, die als »Legion Condor«
nachträglich dem Volk und der Schuljugend enttarnt
wurden.

1938 – wir Kinder standen irgendwo nahe am Brandenburger Tor und schrien und winkten wie … ja, heute sehe
ich die pompösen Einzugspforten von 1871 abgebildet in
alten Illustrierten. Es ist wohl immer so.

Das Foto vom Lustgarten. Auf den Stufen zum Alten Museum stehen Schildträger. Jedem Gefallenen das Seine.
Spektakuläre Ehrung. Auf ovalen Schildern Vor- und Zu-
name. Keiner ist vergessen, niemand wird weggelassen. Es
gibt keinen Unbekannten, es gibt nur namentlich bekannte
Helden. Wie das einstimmt auf den nächsten, auf den eigentlich erst richtigen Krieg …

In den Vormittag schauen.

Aus Vorbeigängern löst sich ein Junge, zehn oder elf, und fragt mich mit Nicht-Berliner Unterton, ob es hier zum Pergamon-Museum geht. Jawohl, zum Pergamon-Museum. Und zeigt in die richtige Richtung.

Ja. Ja.

Und es war so viel Begeisterung in seiner Stimme. Und solch ein Leuchten in seinem Gesicht.

Seine Mutter blickte her. Und eine größere Schwester schien dabei. Und gingen beide wohl nur seinetwegen mit. Was ihnen angerechnet werden soll, daß sie ihn als den Kleinsten nicht abfertigen, sondern seinem ehrlichen Drängen nachgaben. Denn seinetwegen doch hat Schliemann vieles ausgegraben, Wilhelm v. Bode manches erworben, James Simon etliches geschenkt, Justi es geordnet und gepflegt.

Selten wohl gehen Geldgeber, oder wie das heute heißen mag, Finanzplaner, auch im Lustgarten auf die Bank. Daher sehen sie nie dieses ungezähmte Leuchten in den Augen eines Jungen von außerhalb. Das nämlich ist die ausgeglichene Bilanz sämtlicher Museumskosten. Und die sind, verglichen mit anderen Geldausgaben, recht mäßig.

Unterm Strich

Volker Braun

Berlinisches Epigramm (11)
  Abgerissen das Schloß, und das Junkertum
    stumpfo stieloque
  Aber um unsern Palast wurzelt schon wieder das Kraut.

OHNE ZEITUNG

Dort stehen schöne Bänke. Und da sie bewegt werden können und bewegt worden sind, wird es solche mit und ohne Sonne und welche im Halbschatten geben. Da könnte doch ein etwas altertümlich gekleideter Herr des Weges kommen und Platz nehmen. Er hat vorn an seinem Jackett über der Brust, wo sonst die Orden befestigt werden, ein Papierchen mit einer Klammer. So ein weithin sichtbarer Ausweis, aber ohne Lichtbild.

Siehe da, es handelt sich um Ludwig Rellstab, 1799 bis 1860, der hier e. t. a. hoffmannesk erscheint. Berufskollege. Schriftsteller und Redakteur gewesen, Theaterkritiker der »Vossischen Zeitung«. Was wollen die alten Leute, wenn sie sich auf die Bank neben uns setzen? Von früher erzählen. Also los.

Die Brücke dort, die von Schinkel, mit den Delphinen und Trilonen, ist zwischen 1822 und 1824 erbaut worden. Mittendrin aber, im November 1823, mußte sie vorfristig übergeben werden, ohne fertig zu sein. Weil ein Datum einzuhalten war. Königliche Hochzeit.

Der Kronprinz, aus dem später Friedrich Wilhelm IV. wurde, bekam eine bayrische Prinzessin zur Frau. Elisabeth, die wegen Preußen zum protestantischen Glauben übertrat. Wer ihr so nahe kam, um ihr in die Augen zu sehen, erzählte, wie schön sie seien. Was schadet es, wenn die Braut hübsch ist?

Aber die Brücke, die eine Notbrücke war mit einem hölzernen Geländer ... Es soll ein Unglück gegeben haben. Rellstab holt seine Zeitung heraus und zeigt auf die Be-

232

richte. Lang und breit über den feierlichen Einzug; die
Pracht, der Jubel, das Gedränge. Die Menschen sind wie
losgelassen, wenn eine Prinzessin heiratet.

Im Lustgarten sind die Studenten mit Fackeln aufmar-
schiert. Dann aber, als alles nach Hause drängt, blockiert
ein Wagenbruch die Spreebrücke am Zeughaus. Jeder
schiebt nach Kräften, drängt nach vorn. Da bricht das Geländer. In der Panik sollen über siebzig Menschen zermalmt
worden oder ertrunken sein. Rellstab ist fast selber im Gedränge umgekommen, hat aber noch ein Kind gerettet. Wo
steht das? Nirgends. Keine Berliner Zeitung schreibt auch
nur eine Zeile über das Unglück. So kann die junge Braut
getrost die Ausschnitte in ihr Album kleben.

Und Rellstab? Wann schreibt er darüber? Jahrzehnte
später, in den Lebenserinnerungen. »Vergeblich wird man
durch die Zeitungen eine nähere Belehrung suchen; es ist
kein Wort über den ganzen Vorfall darin enthalten! Ein
Beweis, wie unsere Angelegenheiten damals verschleiert
geführt wurden!«

Dazu fällt mir eine Bemerkung von Jürgen Kuczynski ein,
der einmal von den Materialien für seine »Geschichte der
arbeitenden Klassen« erzählte. Über Preußen fand er viel
in den auswärtigen Blättern. Die preußischen Zeitungen
wiederum meldeten sämtliche Streiks und Katastrophen,
wenn sie nur jenseits des Schlagbaums geschehen waren,
mit allen Details. Über solche Brücken geht der Historiker.

PERSONENREGISTER

(Auswahl)

Achard, Franz Carl 91f.
Anna Amalia, Prinzessin von
    Preußen 34ff.
Arnim, Adolf Heinrich,
    Graf von 111
Auburtin, Victor 137
August Wilhelm, Prinz von
    Preußen 38, 43, 113ff.

Bach, Carl Philipp Emanel
    47
Bach, Johann Sebastian 47,
    50, 153f.
Barthold, Simon 119
Baum, Herbert 98ff.
Baum, Marianne 98
Baux, Julien Raymond de 84
Bebel, August 202
Beethoven, Ludwig van 153f.
Bernhard, Georg 152
Beurmann, Eduard 137
Blücher, Gebhard Leberecht
    von 220
Bode, Wilhelm von 229
Braun, Volker 5, 230
Brendel, Carl Alexander
    173

Capa, Robert 186 177
Carlé, Wilhelm 170f.
Chagall, Marc 225

Charles, Jacques Alexandre
    Cesar 91
Chruschtschow, Nikita
    Sergejewitsch 226
Clauren, s. Heun, Carl
Cohn, Moritz 117ff.
Cornelins, Peter von 149

Dahn, Daniela 23f.
Dorothea Sophie von
    Holstein-Glücksburg,
    Kurfürstin von
    Brandenburg 25, 29
Dronke, Ernst 76

Ebert, Friedrich 223
Edel, Peter 101
Elsholtz (Leibarzt) 19
Elvers, Rudolf 153
Engel, Prof. 190ff.
Engels, Friedrich 76

Ferdinand von Braunschweig-
    Wolfenbüttel, Prinz 38
Florath, Albert 201
Foch, Ferdinand, Marschall
    von Frankreich 95
Fontane, Theodor 179
Friedel, Johann 68f.
Friederike, Prinzessin von
    Preußen 65f.

Quellennachweis

Mit freundlicher Genehmigung der Rechtsinhaber wurde
nachgedruckt aus:

Alfred Polgar: Kleine Zeit, *Berlin 1919*, © 1982 by Ro-
wohlt Verlag GmbH, Reinbek bei Hamburg
Franz Hessel: Spazieren in Berlin, *Leipzig und Wien 1929*,
© by Rogner & Bernhard 1968
Wilhelm Hoegner: Flucht vor Hitler, *München 1977*, © by
Nymphenburger Verlagsbuchhandlung in der F. A. Herbig
Verlagsbuchhandlung GmbH München
Heinz Kamnitzer: Heimsuchung und Testament, *Leipzig
1983*
Volker Braun: Training des aufrechten Gangs, *Halle 1979*
und Langsamer knirschender Morgen, *Halle ·Leipzig 1987*
© by Mitteldeutscher Verlag
Winfried Löschburg: An der Pomeranzenbrücke *(Berli-
ner Zeitung, 6. Juli 1982)*
James Yaakov Rosenthal: Briefe an den Autor